叛逆就是哲學的開始

14歳からの哲学入門:「今」を生きるためのテキスト

人生一切煩惱　哲學家都知道！

日本哲學鬼才　飲茶的12堂哲學思辨課

飲茶——著

邱心柔——譯

經典紀念版

CONTENTS

前言

懷疑是走向哲學的第一步

作家池田晶子的著作《十四歲開始的哲學：學習思考的第一本書》、《給十四歲的你》，還有漫畫家棋圖一雄的長篇漫畫《十四歲》，市面上有許許多多給十四歲青少年看的哲學書。為什麼是十四歲呢？

十四歲，剛好是國中二年級的年紀。自孩童時期被灌輸的各種「小孩的思想」，諸如：大人是對的、老師很了不起、世界上有善與惡，以及戰爭是好的國家與壞的國家在打仗……等等，這些思想都在這個時期開始土崩瓦解。因此，十四歲也是應該建構出「自身價值觀」的時期，其實，這個時期最該學的就是「哲學」。因為，哲學是——

質疑人們一直以來認為正確的事情，

發現前所未有的觀點，

並建立新的價值觀與對世界的認知。

這正是哲學家一貫的做法。偉大的哲學家都跟正值叛逆期的十四歲青少年一樣，懷疑舊有的思想，並創造出「自身價值觀」。然後，因為這份價值觀實在是項劃時代的創舉，於是給當時的人們帶來很大的震撼，最後留名青史。

不過，可別誤會，他們之所以能夠發展出這麼厲害的哲學，並不是因為特別聰明。事實上正好相反。他們大多有著「**與青少年相仿的胡思亂想**」，甚至應該說，正因為如此，他們才能推翻當時普遍的認知。

那麼，「**與青少年相仿的胡思亂想**」，到底是什麼呢？大概會是像這樣的感覺：

「要聽老師的話啦！」

「喔？那老師叫你去死，你就會去死囉？」

小時候，不聽老師的話而被人指責後，會這樣回答對方的人，每個班上大概都會有一、兩個，對話內容大致上就像這種程度。看在大人眼裡，這是十分愚蠢、無聊透頂的「**極端且幼稚的胡思亂想**」。

但是，這樣就夠了。許多把世界普遍觀念推翻掉的哲學，就是從這種程度的胡思亂想中誕生的。

「所有人在叛逆期的時候，都有『既有價值觀瓦解』的體驗。原本以為是對的事情，其實正好相反。而在既有的價值觀瓦解時，人會有什麼反應呢？」這裡針對這點稍做分析。在這種時候，基本上會有以下三種反應：「妥協」、「反抗」，以及「進行哲學思考」。

例如，對一個幼兒或小學低年級的小朋友說「要聽老師的話」時，這個年紀的小孩一定不會有任何質疑，會乖乖地點頭說「好」。因為對這個小孩來說，這是理所當然的事，身邊其他的小朋友也都是這麼做的。

可是，隨著年紀增加，這個小孩會漸漸發現，老師也只是一個普通人，未必所有老師都是好老師。也就是說，自己一直以來的認知與價值觀瓦解了。

那麼，他該怎麼對應這種情況呢？他必須從以下三種選項中選出一種。

第一種是「**妥協**」。

儘管深深明白，這份認知有著不完備的地方，但是違抗的話也不會有任何好處，所以就選擇妥協、接受，這等於就此變成了大人。

「也對……不該違抗老師的。」

第二種是「**反抗**」。

既然這種認知明顯有不完備的地方，那就根本不需要服從。這就等於，變成了不良少年、不遵守規範的人。

「開什麼玩笑，我絕對不會聽老師的話！」

儘管第一種與第二種選項，發展的方向恰恰相反，但是卻可以說，都是用同樣的框架看待事情。拒絕或接受、肯定或否定、右邊或左邊，差別僅此而已。

所謂的「普通人」會選擇這兩種的其中一種，當價值觀瓦解時，會想讓自己的精神維持穩定。然而，這世界上就是有一些人無法因此滿足。

這種人別無選擇，只能選擇「**哲學**」這個選項。

選擇最後這個選項的人，就是所謂的「怪人」，說得更清楚一點，就是這些人的想法跟現實有點脫節。

雖然這些人的想法跟現實脫節，但絕非荒謬，這些人只是很「**極端**」而已。當正經的大人會妥協、讓步的時候，這些人卻會不停地想些極端的事。例如，對於「要聽老師的話」這種宣導，他們會這樣回應：

「在回答這個問題之前，我們先來想像一個『史上最兇惡的老師』吧！如果這個老師叫我們去死的話，我們應該要怎麼做？不對，不只這樣，這個老師會叫我們去隨機殘殺無辜的人，這樣的話我們應該要怎麼做？」

雖然這種話會讓人很想吐槽：「才不會有這種老師咧！」但是，這些人常常就會發表這種極端的言論，而且接下來，這些人多半還會將話題繼續延伸到令人出乎意料的方向。

「……隨機殺人。人類絕對不能做這種事，所以，老師說的話果然不是非聽不可的。」

「但是這麼一來，『人類應有的行為』就優先於師生關係了。其實這才是『學生聽老師的話的前提』吧！」

「咦，可是……這件事老師從來沒教過，老師應該要弄清楚怎樣才是『人類應有的行為』，然後也讓學生知道。這才是師生關係的基礎與出發點，但現代教育卻沒有談論這點，僅僅把師生的上下關係，當作理所當然，強迫學生接受，這樣的教育是錯誤的！」

好了，聽完以上發言，或許大家會覺得這些想法幼稚得如同妄想。實際上，如果有人聽到「國中男生」說這些話，應該會嗤之以鼻，沒人會去理會吧。

但是，同樣的話如果是由著名學者或是大學教授，用高雅的文句寫出讓三成以上的人都看不懂的深奧文章……「（雖然不是很懂，但是）真是太棒了！」、「這讓我恍然大悟。」、「寫成書的話，應該會是一本不斷被人翻閱的書。」人們大概就會拍著手，用恭恭敬敬的態度來看待吧。

本書雖然是所謂的十四歲書，但卻不是為了「教導年紀十四歲的青少年，對往後人生會有幫助的哲學」；也不是那種為了吸引普羅大眾購買，刻意「把難懂的哲學，用十四歲青少年都能理解的程度寫出來」的書。本書想說的是，所有的哲學都是來自相當於十四歲叛逆期等級的想法，或者大膽地說，是來自「極端且幼稚的想法」。哲學書看起來都很難懂，但如果除去「難懂的部分（對所有可能的批評做好周全的準備，專門給專家看的、寫得很嚴謹的部分）」，哲學的骨幹的部分真的就只是這樣的東西。

本書斷定，歷史上偉大哲學家的水準，其實都跟十四歲的青少年差不多。這麼說並不是想要降低哲學的難度，宣稱「哲學其實很簡單喔」。本書想讓大家清楚明白的是，哲學原本就是哲學家「厚臉皮地主張」自己幼稚的胡思亂想、妄想，或牽強附會的東西；以及哲學能協助人克服遭遇到「價值觀瓦解」時的心靈困境。

如果讀者看了本書後，會回想起自己以前的經驗：「說起來，我以前也有這樣想過耶。」或是覺得：「如果我當時那不堪回首的幼稚想法，有一直貫徹下去的話，說不定我也會是留名青史的偉大哲學家喔！」如果讀者能這樣想，我會感到非常高興。

第一章

從叛逆開始的哲學

尼采

Friedrich Wilhelm Nietzsche

能夠在歷史留名的偉大哲學主張，都來自於「極端的想法」，就好像叛逆期的青少年會提出各種尖銳的質疑。為了讓大家明白，這邊舉個實際案例，尼采的哲學：**永劫回歸**。

「上帝已死」是尼采的名言，這句話本身就像青少年的冷嘲熱諷，不過，他的哲學到底在說什麼呢？那就是「**虛無主義**」。

虛無主義是什麼？用非常簡單的話來解釋，就如同以下這樣的想法。

「神？正義？這些都只是某個聰明的傢伙編出來的謊話啦。」

「說起來，宇宙的存在根本毫無意義，人類活在世界上也沒有半點意義。」

「人們卻還是相信神的存在，揮舞正義的旗幟相互殘殺、危害他人，實在是蠢得要命。」

或許會有許多人覺得：「咦？我對虛無主義還滿有共鳴的喔。」如果你這麼想，那就被尼采料中了。尼采提出虛無主義時就預測，未來將會有愈來愈多人存著「對神與正義這些事情冷眼旁觀」的想法。

虛無主義的誕生

用古時候來當例子。那時許多人都相信「神」的存在，他們深深相信世上的事分成「正確的好事」與「錯誤的壞事」，做「好事」的話，「神」就會賜予恩典，做「壞事」的話，理所當然遭受天譴。

對這些人來說，問題就在於「什麼是好事？什麼是壞事？」因為「好事」與「壞事」是由超越人類的存在——「神」所決定的，所以就算自己覺得：「這才是好事！」也有可能是自己誤會了。例如，大家都會覺得「殺害無罪的人是錯的」，但是，如果問的是

「殺牛、豬等等會痛苦哀嚎的高等動物，是對的嗎？」這種處於灰色地帶的問題，恐怕任何人都不太能充滿自信地說「這就是正確答案」。

那到底該怎麼辦呢？答案很簡單。只要讓神來教導我們就好了。

然而，身為凡人沒辦法直接聽到神告訴我們「**善惡的基準**」，所幸這個世界無奇不有，有些人能聽到神的聲音，而且甚至還有團體（宗教組織）會把那些人（宗教人士、先知）擁有的情報匯整起來，實在太方便了。那就加入那些團體，讓他們來告訴我們「正確答案」好了。

「這是好事！那是壞事！做壞事的話，死後就會受到這種處罰喔！」

好了，這樣就能安心了。「神」是這麼說的，所以絕對不會錯。

不過問題來了。宗教組織的成員畢竟也是人，有時候也會犯錯。例如，為了爭奪權力而引發的派系鬥爭，最後甚至互相殘殺，又或者提倡一些明顯不合邏輯的事情，將反對者處刑……等等。咦，這就奇怪了，他們不是神的代言人嗎？不是應該教導人們「絕對正確的善惡基準」嗎？

隨著時間推移，這些錯誤罄竹難書，結果，不管是哪個宗教組織，當人們回顧過去發生的種種時，遲早會覺得：

「哇！那些傢伙嘴上講得好聽，卻做了這麼多可惡的事啊！」

結果會變得如何呢？人們就像是大夢初醒，慢慢消退對宗教的熱情。

「搞什麼啊，聖職人員自己根本就沒遵守『宗教的戒律』（神所教導的善惡規範）嘛！哎！我一直那麼認真遵守，真是吃大虧了。」

「這個宗教裡的聖職人員是這副德性，那他們說能聽到神的聲音，也不知道是真的還是假的了。」

要是變成這樣的話就沒救了。宗教已經無法像古時候那樣發揮功能，無法作為我們的心靈支柱、給予我們活著的方向與規範。如此一來，人們就會漸漸地開始「脫離宗教」，產生「不可能會有『神』與『正義』，相信這些實在很愚蠢」的價值觀——也就是虛無主義。

虛無主義的弊害

「不過，就算這樣也沒有什麼不好啊。」應該有人會這麼覺得吧。實際上，宗教狂熱分子往往給人很麻煩的印象，總是口口聲聲說神啊正義啊之類的口號。相較之下，能冷眼看待事物的人還比較正常，甚至會讓人覺得，要是能冷眼看世界的人多一點的話，紛爭就會減少，世界將變得更美好。

但這是錯的。這種虛無主義的態度乍看之下好像頗有道理，但其實卻是一種不正常的心理狀態。**虛無主義是一種病**，會讓人在不知不覺間失去生氣，最終奪走人的「生命力」（活著的喜悅）。

現在請想像一隻螞蟻。

這隻螞蟻相信神與正義這些「看不見的東西」，同時牠還具有一種「價值觀」，認定為群體工作是一件非常棒的事，因此每天都感到非常充實。

但是，從人類的角度看來，這份信仰簡直愚蠢至極。因為，牠充其量不過是隻小小的螞蟻。

對人類而言，螞蟻這種東西到處都有、生生不息，多到滿山滿谷。一腳就能踩死，是非常渺小的存在。所以，要是螞蟻說：「我搬的食物比旁邊的螞蟻還要大喔！」人類只會覺得「哪有什麼差啊？」要是牠說：「神是一直看著我的！」聽在人類耳中，也只會覺得這是自我意識過剩所講的蠢話吧（神為什麼要一直看著一隻螻蟻啊）。

就在某天，也不知道怎麼搞的，這隻螞蟻突然發覺，其實自己只是一隻渺小的蟲子。

「搞什麼啊……我就只是搬搬食物，然後死掉，就此消失，原來不過是一隻微不足道的螻蟻而已嘛。」

也就是說，牠「用人類冷眼看螞蟻的觀點（價值觀）」來觀看自己的這個「存在」。那麼，之後牠的人生態度會有什麼轉變呢？會跟至今一樣，充滿喜悅、精神抖擻，努力去搬運大的食物嗎？

不，絕對不會。因為這樣做沒有任何意義……

「只要努力搬大的食物，死後就能上天堂，被神稱讚？這麼愚蠢的事，怎麼可能是真的。說起來，就算搬再大的食物又能怎麼樣啊？」

不管是搬〇・一公克的食物，還是搬〇・二公克的食物，都沒什麼差別。更何況，認為搬〇・二公克的螞蟻就比較「了不起」或「優秀」的這種想法根本毫無根據。

無意間看向旁邊，這時那些不知道真相的螞蟻正爭先恐後地搬食物。大家都拼命地工作，並且在工作結束後，得意地相互炫耀說：「今天我做了好多工作喔！」

想當然爾，牠是不會加入的。把小蟲的屍體移動個幾公尺，到底有什麼意義呢？誇耀這種事，未免也太無聊了。

當然，牠還是會去搬食物。雖說是不想餓死，不過真正的原因是，要是被其他螞蟻瞧不起，被認為「這傢伙工作能力很差」的話，在螞蟻社會中很難生存下去。因此，牠為了不要在螞蟻社會中被排擠，於是就讓自己勉強工作到剛剛好讓其他螞蟻還能接受的程度。可想而知，**牠一點都不快樂**。

「怎麼啦！沒精神喔！工作、工作！」

「我們是什麼？不就是工蟻嗎！」（笑）

牠用苦笑來應付這些討厭的陳腔濫調，同時心不在焉地像機器人般重複一樣的工作，盼望工作結束的時刻到來。

話雖如此，牠並不是覺得工作結束後，就能度過快樂的時光。牠終究只是隻螞蟻，吃東西、排泄、工作，然後死亡，就只是這樣的一種動物而已，只不過是會動的物。沒有任何「值得追尋的事物」和「有意義、值得去做的事」。閒暇的時候，就隨便做些無所謂的事來打發時間。

就這樣晃著晃著，時間過去，牠也老了，終於來到生命的盡頭。牠在劇烈的疼痛中，回顧至今耗費龐大的「無意義的時間」，牠喃喃自語說：

「我這輩子到底是在幹嘛啊……竟然會變成這樣，要是那個時候沒有發覺真相就好了……」

牠在懊悔、悲痛的狀態下，嚥下最後一口氣。

史上最可怕的虛無主義

結果，如果用冷眼看待世界的話，遲早就會陷入跟這隻螞蟻一樣的結局。

如果這個世界上沒有「眼睛所看不到的價值」──「神」、「正義」，或「理想」的話，如果不能相信這些東西存在，那我們究竟該抱持什麼價值活下去呢？應該把有限的一生花費在什麼事情上呢？

「我想做這件事！」、「我想變成這樣！」如果這世上找不到價值，能夠讓我們像這樣作為目標，我們的人生頂多也只會是──

「為了生存而勉為其難地工作，活著只是一味地打發時間。」

尼采把這一類的人稱為「**末人**」。

所謂的末人，指的是在宗教沒落後，虛無主義的時代來臨時出現的人種，也就是指「漫無目的，就只是靜靜地等待生命結束」、「意識模糊，如同半夢半醒，用冷漠的態度過日子」的人，尼采認為在他所在的二十世紀之後的兩百年內，這些末人會愈來愈多。

好了，尼采厲害的地方從這裡開始——他不是只想高呼：「陷入虛無主義的人會增加喔！人類的未來是一片黑暗喔！」他真正思考的是：「**那要怎樣才能克服虛無主義呢？**」也就是說，他預見未來的人們即將變得悲觀，於是想要建立一套哲學，用來改變這樣的未來。

那麼，這套「克服虛無主義的哲學」到底是如何運作的呢？

在回答這問題之前，我們先看看，尼采用什麼方法去建構他的哲學體系。

一般人一開始能想到的方法是：「分析所有類型的虛無主義，再個別推導出解決方式。」這樣啊，原來是要用分析的方式，是既認真又正經的一個方法。

但是，能在歷史上留名的哲學家，是不會像這樣一本正經地思考的。尼采想得更加大膽、極端，而且稍微幼稚。他這麼問：

「史上最可怕的虛無主義是什麼樣子？」

咦？現在明明是要思考一個「強力的哲學」來打破虛無主義，為什麼還要提出「史上最可怕的虛無主義」這個問題呢？

簡單來說，是因為「思考能克服虛無主義A的哲學、思考能克服虛無主義B的哲學、思考能克服虛無主義C的哲學……」像這樣，針對各式各樣的虛無主義，一個一個加以解決的方式，確實很正統也很有效，但是講得直接一點，這樣是不會有什麼進展的。與其這樣，不如想出一個「比A、B、C……比任何虛無主義都要強而有力，史上最可怕的虛無主義」，再想出一個能加以克服的哲學。意思就像是：「把小嘍囉一個一個打敗也沒完沒了，不如叫出最強的那個，然後思考出一個可以打敗它的最強哲學。這樣比較直接了當！」

因此，尼采才問「史上最可怕的虛無主義是什麼樣子」。那到底是怎樣的虛無主義，才可以得到「史上最可怕」的稱號呢？

請稍微想想看這個問題的答案。每個人一開始想到的應該都是「**死亡**」吧？不管怎麼努力、不管擁有多少財產，只要死掉的話就全沒了。如果說這就是終極的、史上最可怕的虛無主義，應該頗能獲得贊同吧。

不對不對！完全不行！只是這種程度的話，還稱不上是最可怕的。「死」這件事，是人類自古以來就被賦予的課題，因此，人們創作許多想法、故事，並從「死亡」推導出「活著的意義」。

「每個人總有一天都會死，但正因為如此，才更應該要努力活著。」

因為會死，所以人生就只有一次，因為人生只有一次，所以才產生「無可取代」的價值。在這樣的思考邏輯之下，就連「死」也可以找到意義。或者，我們也無須想得這麼複雜，只要單純相信一個故事——死掉之後，只是到了一個死後的世界，人生還是會繼續下去——這樣就可以了。

那如果說：「**人類也只不過是一種動物。只是一種有機物的機器人。**」這樣的說法又如何呢？

不對不對，這樣還是不行。既然是史上最可怕，那就要是人類，不對，是整個社會……不對不對，應該要把範圍更加擴大，變成把整個宇宙、把森羅萬象都毀掉，必須要是這種程度的虛無主義才行。

如此一來，究竟要用什麼樣的眼光、什麼樣的價值觀來看世界，才會讓宇宙整體都淪落成「毫無意義」的呢？

尼采一直想一直想，有一天就在他漫步於湖畔時，突然得到上天的指引。

「永劫回歸」這個關鍵字在沒有任何預兆的情況下，就這樣突然浮現在尼采腦中。這就是將全宇宙都毀掉的「史上最可怕」的情況。

永劫回歸

它的意思就跟字面上一樣，「**同一件事永遠會再回到起點，一直不斷地重來**」。尼采在散步中，突然發現「**永遠重複下去**」才是比死還要強而有力的「最可怕的虛無主義」，但是，「永遠重複下去」為什麼會是最可怕的呢？

俄國文豪杜斯妥也夫斯基在小說《死屋手記》（*The House of the Dead*）中這麼寫著：

「如果想讓罪犯領悟到自己所犯的罪孽，就讓他挖土，來回地移動，再把土埋回去，回復原狀，長時間反覆進行這些工作。這是一種終極的刑罰，最後將會導致精神異常。」

說起來，其實我們不管受到怎樣的痛苦、不管遭遇怎樣的不幸，都還是可以從中找到價值。這是因為，我們認為這些事「只會發生一次」。也就是說，我們認為「這是僅有一次的、無可取代的人生中所發生的不幸」，所以能夠看到其中的「價值」。

那麼，如果這個不幸並不是只發生一次，而是「無限重複」呢？對於永劫回歸的「無限重複」這點，尼采是這麼解釋的：

「你至今所度過的人生，必須要再過一次、甚至是無限次。
而且不會有任何新的東西，所有的痛苦與快樂、所有的思念與嘆息，
你的人生的所有一切都不會有絲毫改變，就這樣再重新來過。
宇宙就像是沙漏一樣，而你不過只是其中的一粒沙子。
而這個沙漏永遠都會不斷重複翻轉，也包括你在內。」

如果宇宙就像尼采所說的，彷彿冰冷的機械，分毫不差地不斷重複的話，無可取代的「唯一性」就不再存在了。這樣也同時代表著，不管是怎樣的不幸（不只是這樣，甚至也包括了幸福與其他所有事物），都沒辦法找到其中的「價值」了。

想想看。假設你「把很重的石頭辛苦運到山頂，到了山頂後又讓這些石頭滾下來，然後又再運到山頂」。

這樣的事，如果做個一次倒還好。不管再怎樣辛苦的勞動，不對，甚至應該說，愈辛苦的勞動，就愈能得到成就感，你會覺得：「終於完成了，可以結束了！」

但是，如果做個五億次、五兆次，都還不能結束，要一直「無限」地進行這些工作，這樣如何呢？而且，不管重複幾次，都不會出現任何改變，搬運過程都一樣、絲毫不差。這樣的工作不管怎麼想，**都實在看不出有任何意義（價值），也找不到任何目標（理想）**。

就只是挖了又埋、挖了又埋——。只是不斷重複一樣的事情，沒有任何的變化。就算挖好了，也沒有任何意義，因為之後又會再埋起來，然後又要重複挖。埋起來也沒有任何意義，因為之後又會挖開來，然後又再埋起來……

這些行為沒有價值、沒有意義、徒勞無功，是種刑罰。

因此，尼采才會認為——**「永劫回歸」比死亡還可怕，是最可怕的虛無主義。**

證明永劫回歸的理論

但是，世界真的會「永劫回歸」嗎？

說起來，這也只是尼采自己亂想的，根本就沒有證據證明宇宙實際上會不斷重複。或許這種說法只是一派胡言。認真去想簡直就是白費心力。

不不不，這就錯了。令人吃驚的是，尼采確實提出了理論來證明「宇宙是永劫回歸的」。

以下列出他的證明方式。因為要讓人容易理解，所以有些細節的部分會跟尼采本身說的不太一樣。

首先，假設宇宙是漫無邊際的，有「無限的空間」。根據熵增加原理，物質會隨著時間經過，從「緊密的狀態（擠滿）」漸漸變成「稀疏的狀態（離散）」，所以，經過一段時間之後，物質之間會隔出一定的距離，使得物質之間不再發生相互作用，也不再產生任何物理現象。沒有產生任何物理現象，當然就代表生物不復存在。也就是說「擁有無限空間的宇宙」，在經過一定的時間後，就會變成「死亡的世界」，而在這之後，這種狀態會無限地持續下去（參考圖1－1）。

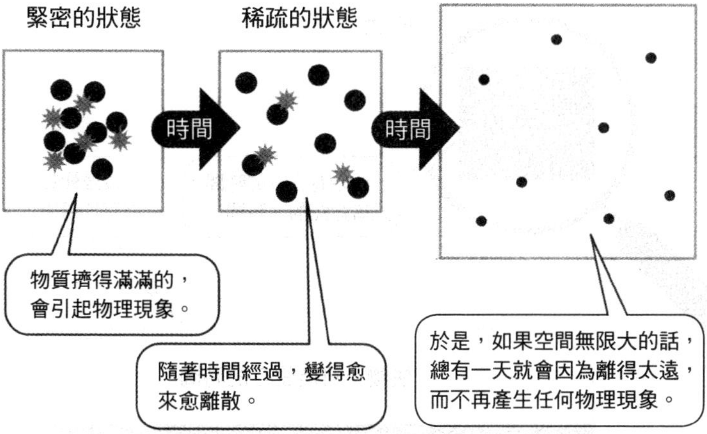
緊密的狀態
稀疏的狀態
時間
時間
物質擠得滿滿的，會引起物理現象。
隨著時間經過，變得愈來愈離散。
於是，如果空間無限大的話，總有一天就會因為離得太遠，而不再產生任何物理現象。

【圖 1-1　無限空間中的物質狀態】

再用時間軸來表示，請看圖1－2。「生物有可能存在的時間（緊密的狀態）」結束後，接著就是永遠持續下去的「生物不可能存在的時間（稀疏的狀態）」，這樣一來，「生物有可能存在的時間」在所有時間中實在是少之又少，無限趨近零，只是一瞬間的小事件而已。

這樣的話就有點奇怪了，因為現在宇宙是有生物存在的，如果現在就是那個奇蹟般的瞬間，總覺得有點不可思議。這就好比在撒哈拉沙漠裡，偶然撿起一粒沙子，結果這粒沙子竟然是整個沙漠裡，唯一的一粒藍色沙子，就跟這種情況一樣奇妙。

那麼，如果像圖1－3，「宇宙會無限次反覆形成、消滅，現在我們存在的這瞬間，剛

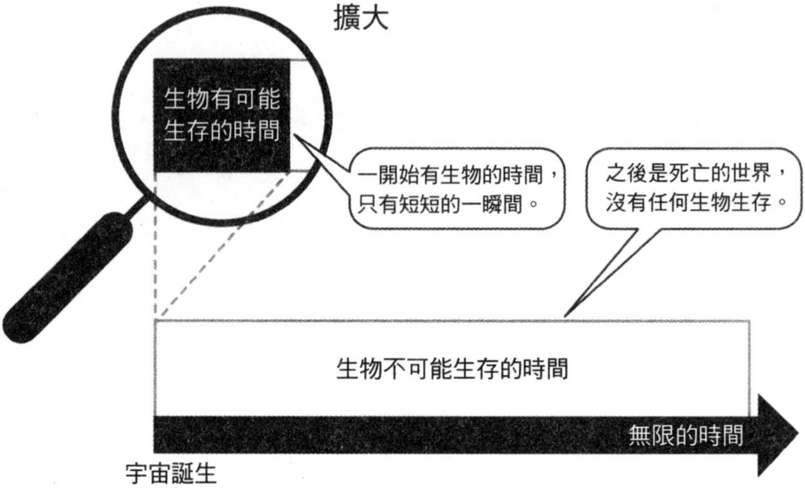
擴大
生物有可能
生存的時間
一開始有生物的時間，
只有短短的一瞬間。
之後是死亡的世界，
沒有任何生物生存。
生物不可能生存的時間
無限的時間
宇宙誕生

【圖 1-2　生物可能生存的瞬間】

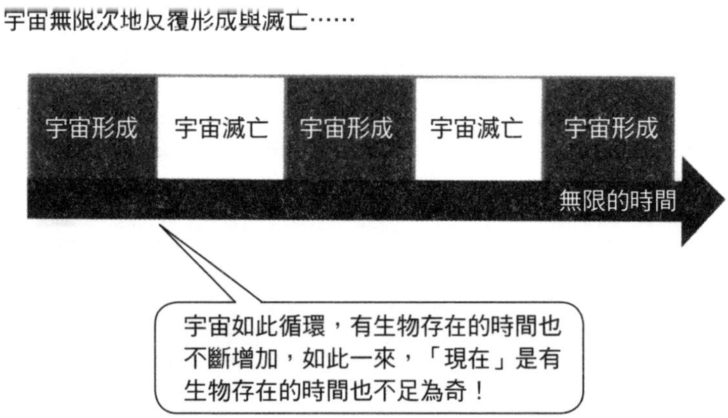
宇宙無限次地反覆形成與滅亡……
宇宙形成
宇宙滅亡
宇宙形成
宇宙滅亡
宇宙形成
無限的時間
宇宙如此循環，有生物存在的時間也
不斷增加，如此一來，「現在」是有
生物存在的時間也不足為奇！

【圖 1-3　生物存在於宇宙反覆形成的瞬間】

好是其中一個形成的時刻」，這麼想好像會比較恰當。

無論如何，如果以「宇宙是漫無邊際的，具有無限的空間」為前提，就會出現「永遠持續下去的死亡世界」，而「現在這個生物存在的時刻」就會變得像是奇蹟一般，聽起來不太合理。

既然這樣，那就放棄一開始的前提，用相反的前提來思考吧，變成「宇宙是有盡頭的，空間並非無限」。「宇宙的盡頭長什麼樣子呢？」像這些具體構造的問題，目前先放著不管，我們不知道宇宙到底是有個障壁，或是循環的空間，總之這邊就先假想宇宙的「**空間是有限的**」。

關於這個假想的宇宙，請想像成一個巨大的撞球台，就會比較容易思考。「物質（原子）」是撞球，「有限的空間」是撞球台，想像一下撞球在沒有空氣阻力、摩擦力的撞球台上，長期持續地滾動。這時球的運動是依循物理定律，不斷撞到撞球檯的邊緣或其他球，不斷變換位置，不過——

「撞球台上的空間是有限的，撞球的數量也是有限的。」

因此，只要時間無限地一直持續下去，照理來說，總有一天「球的『位置與速度的

假設數量有限的球在有限的空間裡轉動……

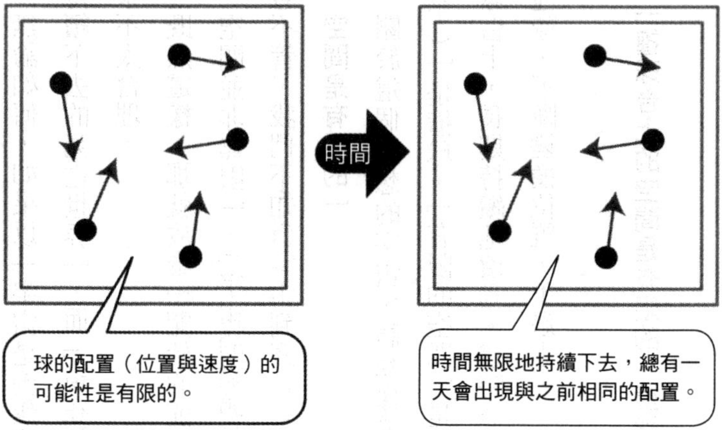
時間
球的配置（位置與速度）的可能性是有限的。
時間無限地持續下去，總有一天會出現與之前相同的配置。

【圖 1-4　假設宇宙是有限空間】

關係」會變成跟之前一樣的狀態」（參考圖1－4）。

狀態跟之前一樣，當然也就表示，下一個瞬間發生的事也會跟上次一樣。也就是說，時間彷彿又回到過去了，又再出現「跟之前一樣的運動」，接下來就永遠重複這個循環，也就是「回歸」。

從以上這些說明，應該已經能理解尼采要說什麼了。

整理一下重點：

1. 宇宙如果有「無限的空間」，物質就會不斷擴散，最後會變成生物無法存在的「死亡世界」，並且無止境地持續下去。

2. 所以，「生物存在的時間」在全部的時間裡，只是逼近於零的一瞬間，而「現在」就是這瞬間，為免也太過巧合了，這樣的機率小到不可能。

3. 因此，宇宙的空間是「有限」的。

4. 「有限」的空間中，「有限數量」的物質在進行運動，所以物質在空間中的位置和速度的模式，只存在「有限的組合」。

5. 於是，當時間無限地持續下去時，總有一天一定會再次出現「相同的組合」，同樣的運動又再次展開。

因此，永劫回歸並不是假設，也不光只是理論上的，而是「可以證明出來的事實」。

克服永劫回歸的方法

好了，「宇宙會永劫回歸」已經證明出來了，那麼，要怎麼做才能克服這個永劫回歸、沒有意義的世界呢？尼采的主張是：

「正面接受永劫回歸的命運，去找出讓自己想要再次體驗的那個『現在』。」

換句話說，為了再重複一次「美好的現在」，不管至今遭遇了多麼不幸的事，或之後還會發生何等悲慘的事，全都沒有關係，即使人生的各種痛苦都要經歷一遍，但只要「現在」還是美好得讓人希望「再重複一次！」一切問題就迎刃而解了。

嗯，的確是這樣沒錯。「哇！真是太棒了！這個瞬間我下輩子還想要再體驗一次！應該說想要體驗無限次啊！」如果有這樣的「現在」，那麼就算永劫回歸也完全沒有問題，不如說甚至會變成這樣的想法：「拜託一定要讓我回歸！」

但是，真的會有這個「現在」嗎？就算真的有，那應該也是眾所矚目的名人，或是隨心所欲的掌權者、大富翁、帥哥這類人吧，感覺應該只有那些特別突出的幸福人們，才會有那樣的「現在」，大部分的人是絕對不會有那種「現在」的。

不對。之所以會那樣想，是因為過著「**被動**」的人生。對尼采而言，只要靠自己的意念與氣勢，去認定「就是這樣！」就可以了。

所以，那個「現在」不管是什麼都可以。

例如，自己講的無聊笑話，逗心儀對象笑了的瞬間……

例如，讓位給別人，對方對自己說謝謝的瞬間……

例如，偶然抬頭往上看，發現天空藍得不得了，不禁發出驚嘆的瞬間……

每個人日常生活中都有可能發生這類事情，是很普通、很細小的瞬間，只要是這種程度的美好就足夠了。不要錯過這個瞬間（現在），全心全力地去感受，「好！」、「太好了！」**要由自己來給予肯定**。如果這份肯定，是強烈到會希望「就算花個幾億年、幾兆年，甚至久到意識模糊了，都還是想要再次回到這裡！」，如果是這種「真正肯定」的話，就遠不只是肯定「那個瞬間」了！甚至是肯定太陽系、銀河系、整個宇宙，也就等於肯定永劫回歸本身了！你會這麼想：正因為永劫回歸，所以才能再一次遇見「那個現在」、「那件事情」，以及「那個人」。

因此，如果能夠愛「現在這個瞬間」，那麼，也就能夠愛「永劫回歸的宇宙（最可怕的虛無主義）」了。

「擁有堅強的意志，能夠肯定現在，並接受永劫回歸的人類。」

這才是可以打破二十世紀後，持續兩百年虛無主義時代的「新人類」——也是尼采的哲學主張之一。

永劫回歸面臨的批判

以上就是尼采永劫回歸的哲學，感覺如何？這哲學還滿浪漫的吧。

不過……好像也有點太浪漫了。

因為，結果說的還不就只是「肯定現在吧♪」，為了說這一句話，還特地提出「宇宙會永劫回歸」這種說法，實在太誇張了。

而且，在推導出這個結論的過程中，也有許多可以吐槽的地方。

例如，「有限數量的物質，在有限的空間裡時，空間中物質的模式，只存在『有限的組合』」這個想法說起來根本就不對。其實，就算是「十顆球在單邊十公尺的正方形撞球台上滾動」這樣狹窄的空間裡，模式的組合也是「無限」的。

這是因為，球的位置「有無限細微的差異」。假設一顆球離邊框剛好五公尺時，有可能是在五．〇〇〇一公尺的位置，也有可能是在五．〇〇〇〇〇〇〇一公尺的地方，如果考慮到這樣細微的差異，球的位置的可能性可以說有無限多種。也就是說，球的位置的模式不會是「有限」的。

順帶一提，或許也有人會覺得「五．〇〇〇〇一公尺跟五．〇〇〇〇〇〇〇一公尺沒差多少，也可以看成是一樣的吧？」，根據現代科學的混沌理論，就算只有絲毫的差異，但隨著時間經過，這份差異所造成的影響會加大，最後演變出一個完全不同的未來。舉例來說，光是熱帶雨林中的一隻蝴蝶多拍了一下翅膀，這份微小的差異在數週後，就可能會讓地球的另一端颳起颶風。

總而言之，如果球的狀態的模式是「無限」的，就代表球的未來也是「無限」的，因此，「必定會永遠不斷重複」這個說法完全無法成立。

對了，或許還有人會做出以下批評：

- 以現代科學對世界的解釋，「量子」、「條件」等等並不像撞球的「球」那麼單純。用那種過時的觀點導出的結論，一點意義都沒有啊。
- 如果真的「永遠重複一樣的事情」，那是否「肯定現在」的態度也會包含在那些重複的東西裡面，這樣的話，「肯定現在」這份建議本身根本就沒有意義嘛。

嗯，像這樣的破綻，要多少有多少，實際上，以現代的眼光來看尼采所寫的東西，會發現許多不成熟及錯誤的地方。

但是，就算這樣，還是要說——

這些錯誤「一點問題也沒有」。講白一點，這些「小地方」根本就無所謂。這是因為，尼采自己原本就把永劫回歸當成是一個「虛構的東西」，甚至稱之為「神聖的謊言」，或是為導出終極理論的「權宜之計」。

簡單說來，尼采想要做的是，假想一個所能想像的、最可怕的虛無主義（既有的價值觀完全瓦解的狀況），再思考出一個在這種情況下，還是可以用正面的態度生活的方法。也就是「提出在最可怕的情況下，都還有用的一個『新的哲學』」，就算這個最可怕的情況只是虛構出來的也沒有關係。講得更難聽一點，就算只是胡言亂語也無所謂。

所以，去要求永劫回歸（虛構的東西、權宜之計）一些細部的條理，其實是滿不懂人情世故的行為。比起這些地方，更應該注意的是，從永劫回歸導出的「新的哲學」所帶來的效果。

那麼，哲學到底是什麼？

不好意思，打斷一下，我想要問個核心的問題。

「哲學是什麼？」

想當然爾，應該會有各式各樣的回答。但是呢，想必大部分的回答會是：

「找出一個讓所有人都心服口服的、強力的解釋（原理）。」

「所有的思考都是哲學。」

這類回答非常穩妥，沒有什麼問題。

但是，本書想要這麼定義：

「哲學，就是思考『價值』。創造前所未有的新『價值』，並確實釐清既有的『價值』。」

講得更簡短一點，「**哲學是在找出新的價值**」，說得更帥一點，或許就會是「從混沌的黑暗中取出光明」（如果不懂「價值」是什麼意思，也可以用「意義」、「概念」、「看事情的角度」、「判斷力」、「公理」這些相似的詞替換）。

舉例來說，有一個群體把某個價值觀X看成是「理所當然的事情」。為什麼他們選擇價值觀X當做「理所當然的事情」呢？答案很簡單。因為這個價值觀X，在這些人出生之前就存在了，他們從懂事以後就是這樣思考，所以自然而然認為這是「理所當然的事情」。

但是，反過來說，這個價值觀充其量也只是上個世代……甚至更久以前的人類所留下的。所以，未必適用在他們的時代，因此，必須要有人來發明現在這個時代的新價值觀，但是，這對大部分的人來說，幾乎是不可能的事，甚至連想都沒想過。這是因為，X對他們來說是「理所當然的」。

不過，不要緊。有一小部分的人，對這個「理所當然」有異議。這些人就是「愛唱反調的人」、「神經質的傢伙」、「跟不上時代的人」。一些無法融入社會、不合群、無藥可救的傢伙……這些人不用別人要求或命令，他們自己就會擅自去懷疑X。

「雖然大家都說是X，但我可不這麼認為。」

「X！為什麼是X啊！瞧不起人啊？可惡！超不爽的！」

「搞、搞不好，我會這麼不幸就是因為X……」

這個群體裡大多數的人都說「就是這個樣子」，所以其實只要跟著乖乖點頭說「對啊」就好了，但這些叛逆的人卻不會這麼做。對他們來說，認定一個理所當然的東西就是理所當然的，會讓他們感到很難受。

因此，他們就會思考，深深地思考，甚至耗上整個人生……

但是，就因為這樣，所以他們得出了結論。

「其實Y也可以啊！」

他們創造了一個**新概念**，這是群體中不曾存在的「新的價值觀Y」。

當然，大部分的人應該都很難接受這個價值觀，因為這否定了自己所認定理所當然的事，也很不合常理。

然而，這件理所當然的事（舊的價值觀X），隨著時間經過，「與時代脫節」的狀況也愈來愈嚴重，遲早有一天，這些「脫節」會產生致命的問題，問題總算變得顯而易見。到了那時，人們終於會發現：

「原來如此！原來還有像Y這樣的觀點與思考方式啊！」

「當X的問題還不明顯的時候，就已經在想Y的某某真是太強了！」

就像這樣子，無法融入社會、不合群的人成了英雄，他們所提倡的不合常理的新價值觀，在下一個時代成了理所當然的事。

話雖如此，不過總有一天，這個價值觀Y也會被人質疑，提出「Z比較好吧」，而Y就此消失。無論如何，這一連串的行為──**懷疑舊時代的價值觀、造就出新的價值觀**──正是「進行哲學思考」，而這就是本書想要傳達的訊息。

那麼，依照這個定義，尼采的永劫回歸，也就是「肯定現在」的主張，無疑就是個偉大的哲學。因為，對尼采的那個時代來說，從「現在」裡找出特別的價值（意義），就是不合常理的，是當時世界所不存在的價值觀。

不，或許就連現代也都會覺得不合常理。

當然，「好好珍惜現在」這類的話，在現代已經被濫用了，肯定有滿山滿谷的人聽過類似的發言。可是，實際認識到「現在」、肯定「現在」、好好活在「現在」的人，卻少到令人絕望。大部分的人都沒有好好看著「眼前」、「這個瞬間」。這是因為，我們的價值觀（從出生後就一直使用至今的思考方式），基本上是要我們從「未來」裡找出價值。

目標、理想、幸福……種種這些「有價值的事物」、「理想的事物」全都在未來。以教育之名，在我們還小的時候，就被徹底灌輸了這些思考方式——是合乎邏輯的、理性的思考方式，也就是所謂西式的思考方式。

不可否認的，正因如此，所以我們才會為了未來而努力、奮鬥，並且思考「要怎麼做才能實現這個未來」，這些事本身是很有用的。但是，如果這個未來沒有了，那又會如何呢？

假設有一個極其不幸的男生，他不管做什麼都失敗，而且，不知道為什麼，大家都很憎恨他，所愛之人也離他而去，最後，終於連身體也變得動彈不得，情況如此悲慘。在這樣的情況下，如果他用所謂的西式思考方式來思考的話，他就必須向「未來」尋求解決辦法。

「不要放棄。要想想有什麼方法可以改善現在的困境。」

他這麼想著，並打算好好努力，但是，這個世界上還是有些事，不管怎麼樣都辦不到的。失去的健康與信用，不會那麼簡單就能討回來，有很多事物單憑自己的力量永遠無法得到。就算努力也未必就能解決問題。

可是，即使如此，他還是祈求「未來」問題就能解決。這是因為，他只知道可以這麼做。

因此，他就祈求事情可以解決，如果自己做不到的話，就將自己定義成是一個「失敗者」。這樣的行為，就好比單單因為自己無法空手擊倒一顆大樹，就因此覺得自己毫無價值一樣，實在是很愚蠢的想法。但是，這就是他的價值觀，不對，是「他那個時代的」價值觀。他深深認為自己是個悲慘又沒用的失敗者——自己非常「不幸」。

或許是因為這個想法讓他太過懊惱，之後他的健康每況愈下，最後醫生甚至還宣告了他的死期。於是，他連未來也被奪走，已經毫無希望了。他到底該怎麼辦呢？

如果他要在一直以來的那個價值觀之下，讓心靈保持平靜，那麼就必須硬是去開創未來。例如，妄想將會有什麼奇蹟發生，病情因此好轉，或者就算病情沒有好轉，就此死去，但還是有個死後的世界，自己將在那裡展開幸福的生活。但是，人類沒有那麼笨。古時候或許整個社會都相信這些，但現代人可沒辦法用這些像在做夢一樣的妄想來欺騙自己。頂多只是裝出一副被騙的樣子而已。

在這種情況下，從未來找出價值的這種思考方式已經沒有用處了。不，甚至還有害處。結果，只能用這種既有的價值觀（普遍的觀念）來想事情的他，無法從自己與世界當中找到任何價值（未來），只能悲慘地度過剩餘的人生。

就在某一天，這個不幸的男生在強烈的痛楚中，想到自己現在這個一籌莫展的狀況，笑著說：「哈，還真是一點辦法也沒有。」

事情淨是跟自己所期待的相反，誇張到忍不住想笑的地步。這個情景很常見，至今不知道已發生過多少次，任何人也都會有這種時候，這就只是個平凡的瞬間。

然而，這一天他卻突然因此感到驚訝。

「我這麼不幸又悲慘，再過不久就要死了，在這種無藥可救的狀況下，我剛剛卻不禁會心一笑。這樣……很不得了吧？」

就是這樣，不要錯過這個瞬間！緊緊抓住這個「現在」，「很好！」並這樣加以肯定！

接著問問自己：「還想再體驗一次『同樣的現在』嗎？」

如果那份肯定是貨真價實的，他就會希望再次回歸。

「就算要再重新經歷一次同樣的人生、再體驗一次同樣的不幸……就算這樣也沒關係。」

即使遭遇了這麼多的苦難、處於毫無希望的狀況下，卻還是能『哈』地笑出來……因為就可以再遇到『這麼帥的自己』。」

就算要再經歷一次相同的不幸，也還是想再見一次「這樣的自己」。

如果他可以對「現在」的自己、「現在」發生的事情懷著一股驕傲，就能肯定自己的整個人生了！因為這個人生讓他覺得「願意再重複一次」。

因此，他就能這麼定義自己：

「我過了一個讓自己覺得願意再重複一次的人生，我是個『幸福』的人。」

他在舊有價值觀的判斷基準上，是屬於不幸的一方，但用新的價值觀來看，卻變成是幸福的。用普遍的思考方式——用直線的概念來掌握時間的西方價值觀——無法解決這份不幸，但是，一旦提出新的思考方式、新的哲學後，就能變得幸福。

「為了自己的未來好好努力，朝著神（正確的事情、幸福、理想）前進。」這是舊有的西方價值觀。是在鼓勵面臨困難的我們。

「一切都有希望。所以要朝著這個目標努力，不要放棄，要相信未來。」然而，有些人的問題是無法解決的，也有些人無法相信一個不確定的未來。

「在我前方吊著一個無法實現的夢想或理想，叫我快跑、快跑，這樣的事我已經厭煩了……」

對這些人來說，西方的價值觀有點令人喘不過氣來。

但是，尼采為了這些人而去質疑舊有的價值觀（一直以來的認知），他訴說了新的價值觀。

「重要的不是自己的未來會如何，最重要的是，現在、這個瞬間如何？」

從「未來會如何（會有什麼進步）」轉換成「**現在如何（存在的狀態）**」。這樣一來，就算有顆比地球大的隕石撞了過來，面臨束手無策的情況，也仍然不會張皇失措，能夠抬頭挺胸繼續自己的人生——就是這樣的一種新的思考方式。舊的價值觀在強調「未來會如何（會有什麼進步）」，而當這樣的價值觀無法發揮作用的時候，就採用了這種新價值觀，而這種新價值觀，也就成為了下一個時代的價值觀。

我們在驚愕之餘，也不得不加以讚賞。讚賞一百年前的這名人類，憑著一己之力，去對抗「西方價值觀」這個強者。

總而言之，尼采的目的是反抗、顛覆、改革數千年間不斷傳承下來的「普遍觀念（價值觀）」。他看穿了「要人相信理想（看不見的東西），並往這個理想邁進的那種價值觀」的破綻，並致力創造一個新價值觀來取而代之——就算被拋到一個虛無主義的世界，在那個世界裡，人們發現理想是多麼的虛偽，根本無法以它為目標，在這樣的情況下，卻還是可以雄赳赳氣昂昂地活下去。

不過，說直接一點，他這麼做實在是不知天高地厚。因為，他充其量只不過是個尼特族（失業者）而已。

尼采原本就是一位優秀的男子，年紀輕輕就當上了文獻學的教授。可是，有些地方其實只要像一般文獻學專家一樣中規中矩地做就好了，但他卻從古代文獻中領悟到現代人所遺忘的精神，並在論文中振聲疾呼，要大家取回這份精神。而且，他甚至還說自己喜歡的音樂家華格納的音樂體現了這份精神。因此，同事都聯合排擠他。最後，他就辭去大學教職，幾乎像是被驅逐一樣，淪落到失業的下場。總而言之，就是尼采做得「太超過了」。

尼采因為有點得意忘形，於是做得太過火，因此就被社會放逐，失去了工作。

這樣的一個人，竟然在思考虛無主義（既有的價值觀崩壞後的世界），實在很奇怪。因為這個人沒有任何生產性可言，對社會也沒有任何貢獻。用現代的角度來描述這種情況，就像是一個失業的尼特族，為社會感到憂心，長期持續寫部落格，批評政治及社會現象。實在令人「不忍卒睹」。

不過，不要搞錯了。尼采跟一般的尼特族，在眼界、氣度上是不一樣的。他想要解決兩百年前人類所具有的精神疾病，並且推翻西方世界的價值觀。他看出總有一天宗教（神、終極理想）將無法再當人類的精神安定劑，而他想要創造出新的人生觀、新的聖經來取而代之。

我們必須對他這份用心，致上崇高的敬意。不對，不只是要尊敬他而已。要超越他。既然一百年前的他，就已經考慮到兩百年後的事情，並為此建立了一套哲學，那麼，一百年後的我們，不就也要思考兩百年後的事了嗎？

所以，就好好學習吧。好好學習前人的「哲學」吧。

歷史上眾多偉大的哲學家，是用什麼樣的思考方式、在什麼樣的心情下進行思考的？下一章開始，要把時間拉回到尼采之前，根據時間先後，依序看看這些哲學家的思想。

貴志「我想出一件很強的事。因為宇宙的時間是無限的，所以我就算死了、消失了，總有一天還是會在宇宙的某個地方，又出現一個跟地球一模一樣的原子排列吧？所以說，我又會在那裡出現。原來我會永遠存在啊！」

媽媽「那我也能永遠煮飯給你吃了耶。我真幸福。」

貴志「……」

第二章

哲學中的理性主義

笛卡兒

René Descartes

近代以後的哲學流變，如果講得極為簡單的話，可以依序粗分成以下四種。

理性主義
←
存在主義
←
結構主義
←

接下來，就按照這個演變過程，一個接一個看下去吧。首先從理性主義開始。

「理性」是什麼？

說起來，「理性」到底是什麼？「理性」就是「合乎道理」。因此，理性主義就是要以「合乎道理之事」為重，不過，為什麼「理性」會變成哲學的中心呢？這是因為，在不久之前的時代，還是個「信仰的時代」。

信仰的時代，大約是從西元五〇〇年到一五〇〇年，前後約一千年的時間，這個時期稱為「中世紀」。當時西方國家受到基督教的強烈影響，所有事情都要根據神（聖經、神學）來解釋。然而，後來教會喪失威信。西方人不再相信「因為神這麼說，所以就是這樣」的一套說法，開始發覺「應該要用理性的思考方式，靠自己來判斷什麼才是正確的」。

如此一來，人們就想：「那我們就再也不用將宗教人士說的話照單全收，我們來復興古希臘時期那種理性、邏輯思考的學問吧！」文藝復興就此展開，情況大概就是這樣：「上個時代的思考方式實在太缺乏理性了，所以起了反作用，反而變成一個一切講求理性的時代。」

好了，當時的哲學家提出什麼偉大的主張呢？

原本一直處在由宗教主導的時代，而現在終於轉變為一個由理性思考主宰的時代。一般來說，這時大家應該正嗨得不得了：「喔喔喔！我可以來好好思考了！」而實際上，理性思考的成果不斷累積，也促使「科學」這項學問蓬勃發展，但在這樣的背景下，哲學家竟然說出以下這種話，彷彿是在扯大家後腿——

「人類可以知道什麼、知道到什麼程度？
人類所知道的事物真的是正確的嗎？
在進行思考之前，要先把這些弄清楚。」

簡單來說，這就像是人們拿到了最新型的相機，「好，我要用這台相機，拍出各式各樣的景色！」正興奮的時候，這個人突然說：「不對、不對，先等一下。說起來這台相機到底能拍出什麼？拍出來的世界是正確無誤的嗎？要先好好驗證才行，等一切明瞭，再來開始拍照吧。」要是社團裡或一群朋友中，有個人說出這種話，應該就會有人說：「哇，幹嘛那麼麻煩，不要管那種小事，趕快來拍照啦！」

但是，基本上哲學家都不會看社會上的氣氛。不管社會大眾再怎麼手忙腳亂，哲學家都不會受到影響，還是會繼續探究事物的本質。這正是哲學家之所以是哲學家的理由，不過，其實仔細想想，這些哲學家的提問也是滿合理的吧？因為，萬一相機（人類的認知能力）壞掉了，那不管再怎麼討論這台相機所拍出來的東西，都是毫無意義的。所以哲學家說「首先要檢查一下這台相機（人類的認知能力）有沒有壞掉」，這樣的思考順序是很正確的，非常合理。

他們所提出的問題是——

「人類所認知的事物是正確的嗎？」

「如果是正確的，那麼，理由何在？」

「這份認知能力有極限嗎？」

而這些哲學議題，會歸在一個稱為「**知識論**」的類別。這是個核心主題，長久受到人們討論，甚至讓人覺得「說到哲學就會想到知識論」，而帶起「知識論」風氣的，就是被稱為近代哲學之父的笛卡兒。

證明神的存在

笛卡兒誕生的時代，宗教信仰崩潰，學問急速發展，是一個充滿活力的時代，而他對當時接二連三產生的諸多學問體系，抱有很大的疑惑。

「到底要如何確保這些學問是正確的呢？」

說直接一點，這真是多管閒事。教會這個礙事的傢伙好不容易沒了，大家終於可以自由發展學問，這個時候只要跟大家一起「耶！」興高采烈地研究學問就好了嘛。

但是，笛卡兒這個人的個性，就是沒辦法這麼做。他原本是個數學家，或許跟這點也有很大的關係吧。他會覺得，學問就是要這樣：「首先，A為真，故B為真」，要先確定「百分之百正確的東西」，再以此為基礎，將邏輯上（理性上）正確的東西一個一個堆上去。

的確，誠如笛卡兒所言，如果這些紮實的起步工作進行得不夠徹底，學問（尤其是數學）是絕對無法成立的。基礎如果搖搖晃晃，就只是「大概是對的」這種程度，那麼在這種基礎上建立學問，總有一天會突然發生「不好意思啦！一開始的地方出錯了！」的窘境，至今辛苦建立的學問，就全都將化為烏有。

所以，笛卡兒才會主張要先得出「百分之百正確的東西」，才可以確保學問的正當性、正確性。不過，人類是種不完美的生物，常常會判斷錯誤或看錯東西。姑且假設真的有「百分之百正確的東西（真理）」，但是以人類的認知能力，是否能夠得到呢？而且，人類的認知能力也有可能是扭曲的，根本沒辦法掌握世界真正的樣貌。就像剛剛所舉的相機的例子，要是人類的認知全都是錯誤的，那這件事根本就講不下去。

就在這個情況下，笛卡兒想到了一個大膽的手法：

「先對人類的認知進行徹底地懷疑，再來證明『人類認知的正確性』。」

也就是說，他想出了這樣的做法：

「試試看拼命懷疑人類所認知的事物，
這個也懷疑、那個也懷疑、全部都懷疑，
看看會不會出現什麼無法懷疑的東西。」

如果在這個情況下，出現了無法懷疑的東西，也就表示清楚證明「人類可以認識到『百分之百正確的東西』」了吧（因為「有辦法認識到完全無法懷疑的東西」）。

話雖如此，可是這卻不是那麼簡單的一件事。說起來，在不斷懷疑的過程中，也很有可能落得這樣的下場：「結果人類的認知全部都可以懷疑！果然人類的認知是不可靠的！」實際上，真要懷疑起來的話，人類所認識到的事物，好像全都可以懷疑。

舉例來說，當我們認知到「眼前有顆蘋果」時，我們是可以懷疑的。因為這顆蘋果或許只是個幻影，其實根本不存在。

那數學上的認知又是如何呢？「一＋一＝二」（一顆右邊的蘋果，加上一顆左邊的蘋果，就會是兩顆蘋果喔），感覺上人類的這份認知，絕對正確、無法加以懷疑。不不不，有時當我們的夢裡出現數學上的錯誤，我們也不會覺得有什麼奇怪吧？例如，當我們夢到一顆蘋果，接著再拿來一顆蘋果，結果就變成三顆蘋果，但我們在夢裡時卻無法察覺到錯誤。所以，只要我們尚未保證現在這個世界不是一場夢，就得想：「咦？這真的對嗎？」連數學上的認知都必須加以懷疑。

像這樣稍微想一想，就會發現人類的認知，全都能輕鬆簡單地加以懷疑。事實上，笛卡兒的思考也跟這些一模一樣，他一個接一個、不斷懷疑人類的認知，一般人的話，到這邊大概就會放棄了吧。「我已經努力試過了，但是人類的認知中，完全沒有任何一項事物是確定的。人類沒辦法認識真理（絕對無法懷疑的東西）。」然而，笛卡兒怎麼可能會在這裡就放棄，他甚至還加速懷疑下去！

「搞不好有惡魔會讓人類產生幻覺，讓人深信錯誤的知識是正確的。」

這邊則考慮到，或許可能有惡魔這種超自然的存在。欸欸欸，老實說這也太誇張了吧。未免也太超乎常理了，再說，要是懷疑到這個地步，那接下來不管說什麼都可以用「但是有可能是惡魔在騙我們」這一句話來全盤否定了啊。

可是，笛卡兒毫不留情，而且絲毫不放棄。這是因為，要是經過這麼徹底地懷疑後，還有東西能確定是正確的，那這個東西才是百分百正確的。而笛卡兒不屈不撓，經過持續不斷的思考之後，終於得出一個可以打破「終極懷疑」的「終極正確的事物」！

「我思故我在」

這句話乍看之下只是在說：「我在思考，所以我存在。」好像是個一點幫助也沒有的答案，但是，其實其中含有這樣的意思：

1. 人類的所有認知都是可以懷疑的、不可靠的，有可能是一場誤會，也可能是一場夢，甚至可能是遭到惡魔欺騙。每件事都可以懷疑。
2. 但是，「**我在懷疑**」這個行為本身，是絕對無法懷疑的。
3. 這是因為，就算「懷疑我真的有在懷疑嗎」，也還是可以確定我真的「正在懷疑」，這是個不可動搖的事實。

如上所述。就算懷疑了所有事情，也還是無法懷疑「存在著一個正在懷疑的（正在思考的）我」。這是個邏輯結構上的問題，而這個結論不管是誰都能接受吧（順帶一提，另外也考慮過惡魔可能真的存在，而這個結論完全是受到惡魔欺騙所產生的結果，但是如果「被騙的主體（我）」不存在的話，惡魔根本就沒辦法欺騙，所以「我存在」這件事是無法懷疑的）。

好了，經過了這些思考，笛卡兒終於得到一個絕對正確的事物——「**存在著一個會懷疑的（會思考的）我**」，但是冷靜之後想想，老實說好像又有點怪怪的。的確，導出「我思故我在」的過程非常精彩，而笛卡兒只藉由沉思，就成功找出了百分之百正確的東西（真理），這樣的本領也令人驚訝。雖說如此，光靠這樣還是不足以主張「人類的認知是正確的」，而且，雖說找到了「百分之百正確的東西」，但是這個東西看樣子還是不能當作學問的基礎。

咦？那「我思故我在」就只是說：「我可以確定『我存在』是我所認知的事情裡，百分之百正確的一件事。」就只是這樣囉？那就根本一點用也沒有嘛。或許大家會這麼說，不過這就不用擔心了。笛卡兒的論述不是這樣就結束了。歸根究柢，他真正的目的是「**證明人類認知的正當性**」以及「**證明學問的正當性**」，為了達到這些目的，笛卡兒就以「我思故我在」這個絕對的真理為基礎，繼續將他的論述發展下去。好了，接下來才是笛卡兒的重頭戲。

4. 因此，確實存在一個「**會思考的我**」。
5. 而且，這樣的我，知道有「神」的存在。
6. 神是「一個完美且無限的存在」，而我是「一個不完美且有限的存在」。這樣一來，我知道「神」存在，這件事明顯很奇怪。
7. 因此，「神」這個概念不會是我自己想出來的，而是由「我的外部」所給我的。
8. 故神存在。

這就是笛卡兒有名的「上帝存在論證」。大概就是這樣的意思：

「『小（人類）』根本就不可能知道『大（神）』吧！因為比自己還要『龐大』啊！但是為什麼『小』卻還知道『大』？那當然是因為，在某處存在著『大』，然後把自己的存在告訴了『小』啊。如果不這麼想，就沒辦法說明為什麼『小知道大』了啦！」

接著，笛卡兒繼續延伸他的論點。

9. 因此，「神」確實存在。

10. 因為「神」存在，所以祂不會創造一個虛假的世界，一定會是一個合乎道理的世界。另外，「神」也不會欺騙人類，或是懷著惡意、給予人類虛假的認知（因為神是完美無缺的存在）。

11. 因此，人類在「清楚明晰（強烈感受到自己的頭腦非常清楚）的狀態」所認知到的東西，是百分之百正確的。

以上就是笛卡兒的完整論證，簡單來說，就是在講：「神很用心地創造人類，所以人類的認知是不會錯的喔！」根據笛卡兒的這份證明，就可以得出：「『人類的認知（主觀）』是正確的。確實可以掌握到『世界的樣貌（客觀）』喔。」同時也保證了「人類將認知一點一滴累積起來後，所建構出的學問的正確性」。

這麼一來，當時最大的課題「人類的認知與學問的正當性」，就由笛卡兒巧妙地為大家證明出來了。

我是很想這麼說啦，不過，大家聽了笛卡兒的這些推論後，覺得如何呢？我想大家應該也稍稍感覺到了，其實笛卡兒這個證明，得到了相當差的評價。

到「我思故我在」為止還不錯。合乎邏輯到近乎完美的程度，非常具有說服力，有些人第一次聽到這些推論時，甚至還會對其中的巧妙之處升起一股感動吧。

可是，在這之後就糟得嚇人。突然若無其事地加進了這個前提：「我知道有神的存在，但是不完美的我竟然能知道神，實在很奇怪。」這個前提會讓人聽了以後歪著頭，覺得：「咦？真的是這樣嗎？」這邊明顯出現了邏輯上的跳躍，如果是在古時候，整個社會都單純地相信有神存在，講這種話也就算了，但是對我們現代人來說，似乎不怎麼有說服力。

還不只這樣。笛卡兒在這個證明之後，甚至連「靈魂的存在」都提出來了。

「因為人類的心靈是如此的不可思議，竟然可以得知神這個無限的存在，所以心靈必須是一種非物質性的東西，超越了物質（肉體）這個有限的存在。」

這就是笛卡兒主張靈魂存在的根據，不過，到這個地步已經太過神祕學了，實在很難讓人接受。至少完全沒辦法說是「一項充滿說服力的、合乎邏輯的證明，可以說服成千上萬的人」。

因為這樣，所以笛卡兒的這些主張，得到的評價相當差。

實際上，絕大部分的哲學入門書，對於這一點都是用批判的角度寫的。舉例來說，大概像是這樣的感覺：「在證明人類認知的正確性時，把神扛出來，還真是有點那個」、「唉，畢竟是以前的人，我們就睜一隻眼閉一隻眼吧（笑）」、「但是，就因為要反駁笛卡兒的這些話，所以才發展出了後來的哲學史啊！」要不然，頂多含糊其詞並帶著些許揶揄，或是完全當作沒這回事，只說明「我思故我在」接著就用「笛卡兒很厲害吧！」這句話來總結，這樣就是極限了。

然而，對於這個惡名昭彰的「上帝存在論證」，本書要從正面來處理，並聚焦於它真正的價值，以及其中所蘊含的出色洞察力。

「上帝存在論證」的真正價值

首先，「上帝存在論證」的評價之所以會那麼差，大半的原因在於使用了「神」這個「每個人都有不同定義的詞彙」。事實上，如果有人突然跟你說：「你知道有神的存在。」而你的反應應該會是：「咦，你是指什麼？是在講哪個神？」把這種定義模糊不清的事物用在論證裡，感覺實在很怪異。

所以，就不要用「神」這個詞彙，而用定義明確的「無限」來代換吧。這麼一來，笛卡兒的主張大致上就會變成這樣。

「人類知道『無限』這個概念。我們一般會覺得，『大腦這個機器』是由有限的物質構築出的，而人的思考充其量只是大腦的運算結果，但是，由有限的物質所形成的機器（大腦）內部，有可能會產生『無限』的概念嗎？」

好了，這樣如何呢？將神這個詞用「無限」來代換，調整得比較現代化一點，但是講的事情跟笛卡兒是一樣的。換成這種問法後，應該就能發現，笛卡兒所講的絕非「一派胡言、不值一提」。說真的，對於這個問題，你能給出一個明確的答案嗎？

恐怕有點難吧。因為這是個很難回答的問題，現代的天才物理學家、數學家、邏輯學家就正在挑戰這個問題，而且答案還沒出來。

在此介紹一位物理學家，名叫羅傑・彭若斯（Roger Penrose）。他是一位天才物理學家，曾與有名的「輪椅上的科學家」史蒂芬・霍金（Stephen William Hawking）一同研究「黑洞」與「奇點」，並因此獲得了沃爾夫獎（Wolf Prize）。順帶一提，沃爾夫獎是一項極具權威的獎項，普遍視為諾貝爾獎的前哨站，相等或僅次於諾貝爾獎的等級。無法用實驗來證實的理論，很難獲得諾貝爾獎，所以在他們所從事的研究領域上，沃爾夫獎就相當於評價最高的獎項。

而羅傑・彭若斯寫了一本書，名叫《皇帝新腦》（*The Emperor's New Mind*），向全世界提出這樣的主張：

「人類的心智（思考）無法光靠腦細胞的機械性運作來說明！必須使用超越現今科學認知的一些未知事物來解釋！」

這個主張簡直超乎常理。人類的思考當然是由大腦這個機器，進行複雜的資訊處理而產生的啊。到底在說什麼瘋話。如果這句話是出自一般的大叔口中，大家會一笑置之，當成是他無聊的妄想。

但是，這句話可是出自囊括著名的狄拉克獎（Dirac Prize）、丹尼・海涅曼數學物理獎（Dannie Heineman Prize for Mathematical Physics）的天才物理學家彭若斯口中。當然，這在學術界掀起一陣軒然大波，牽連了各領域的著名學者，引起諸多討論。

彭若斯的主張，簡單來說是這樣的：

1. 處理資訊的機器（計算機），不管是什麼樣的形式，全都可以用一種稱為「圖靈機」[1]的「數學性的計算機（數學意義上的計算機）」來表示。
2. 而所謂的「圖靈機」，理論上是一種理想化的「終極電腦」，不會有其他電腦性能比它更好，所以「圖靈機」無法計算的問題，現實中的任何計算機也無法計算。
3. 數學上可以證明有許多問題圖靈機無法解決，就是跟「無限」有關的問題。

從第1項到第3項並不是彭若斯所想出來的，而是經過證明所得出的結論，從很久以前就在學術界廣為人知。總之就是這麼回事：「為了查出現實中計算機的極限，於

1 不懂圖靈機是什麼的人，可以單純想成是一種「擁有極大的記憶體與硬碟空間，計算速度快的超級電腦」。

是首先設想出一個『終極的機器』，接著查出這個機器的極限，結果可以在數學上證明出，這種機器無法解出許多關於無限的問題。」

彭若斯以這點為前提，接著發展出以下的論證。

4. 從圖靈機無法解出的問題類型可以得知，「計算機與無限」兩者非常不合。然而另一方面，人類卻很輕鬆就能解決「關於無限的問題」。因此，人類思考的組成結構，就跟計算機（機器）不一樣。

5. 因此，人類的思考，無法光靠大腦這個物理性機械的運作來說明，必須使用某些「未知的因素」來解釋。

很抱歉說明得相當簡略，不過把重點抓出來後，大概就是這麼一回事。

說起來，所謂的計算機（電腦），就只是「完全依照預先設定的程序，進行數值演算，當滿足了一定的條件時，再將這個計算結果視為答案，輸出到外部」。不管這個計算機的構成成分是「齒輪」，還是「電路」，抑或是「腦細胞」，原理都是相同的。

只要計算機（由物質組合而成的資訊處理機器）在原理上的結構不變，一旦遇到與無限有關的問題，就會不知道該在哪裡停止計算，永遠一直計算下去。

然而，相反的，人類在遇到跟「無限」有關的問題時，只要得到一點提示，就會瞬間理解：「啊，這個算不出來，就算無止境地計算下去，也得不到答案。」

具體的例子可以參考彭若斯寫的那本書，裡面寫了許多例子。這邊就只舉一個例子：「求出兩個偶數相加後，會得出的奇數。」人類會立刻明白：「咦？偶數和偶數相加，只會得出偶數啊，所以就算試過所有偶數，也是白費工夫的吧。」但是，電腦卻會找遍所有的偶數，實際去計算看看會不會得出奇數……應該說電腦也只會這麼做了。雖說電腦如果要做出跟人類一樣的判斷，就必須要有自然數（無限多的數）的概念，不過對於一個只會重複有限計算的機器，要怎麼做才能教會它自然數的概念呢？彭若斯強烈主張這是做不到的。

齒輪、電路、腦細胞，就算連結得再複雜，也絕對解不出的問題，人類卻是「也不知道為什麼就懂了」，所以人類的「思考、智能、心、心靈」，就必須是由超越單純機械的「某種東西」構成的。而這個某種東西——姑且稱為「哲學上的某種東西」——究竟是什麼呢？

彭若斯是個科學家，當然不會說出「神」、「靈魂」這些。他在「量子力學」裡尋求答案，而量子力學是種不可思議的物理現象，就連現代科學仍無法清楚理解。也就是說，他建立這樣的假說：大腦不像齒輪、電路那樣反覆進行機械性運作，相對的，在大腦中產生了量子力學的現象（從無限多的可能性中，瞬間選出其中一個狀態，這也是古典物理學所無法說明的現象），而人類的思考是由這種作用形成的。

彭若斯這套大膽的假說，有可能是對的，也有可能是錯的。這邊先不去管其中的真假，我們可以確定的是，這個假說的出發點，與笛卡兒提出的問題非常相似。

這個問題也就是：「人類明明只是個有限的存在，由有限的物質組合而成，但是為什麼卻可以知道、聯想到『神』這個無限又完美的概念呢？」

如果會對這點感到不可思議，那麼，會覺得「肉體（大腦）應該隱藏著什麼我們不知道的祕密」，也不是那麼奇怪的事了吧。

而且，真要說起來，其實我們人類的理解方式跟「無限」這個概念，有著密切的關係。例如，我們能理解「圓」這個詞彙，是指所謂的「正圓形」、「完全是圓的圖形」，也就是「無限逼近理想的圓形」。但是，現實中並不存在「無限逼近理想的圓形」。對於這種看都沒看過的東西，究竟為什麼人類會「自動」就理解了呢？

搞不好是大腦的外部存在著不可思議的「某種東西（神、理型、理想的圓）」，也有可能是量子力學不可思議的行為，影響了資訊處理的方式。也有可能大家都估計錯誤了，其實有辦法做出可以處理無限問題的機器也說不定。

不管正確答案是哪一個，可以確定的是，能夠提出這個問題，本身就很了不起了。就是因為有人問了這個問題，人們才會覺得：「原來如此，真是太不可思議了。到底是怎麼一回事呢？我好想知道！」產生了這樣一股熱情，而正因為有這股熱情，學術才得以不斷地發展。

如果我們跟笛卡兒活在相同的時代，能不能提出跟他一樣的問題呢？我們很可能會用理所當然的態度去想事情，理所當然地思考、聯想到神與理想的圓，把這些事都當成理所當然的，完全不會有半點疑問，就這樣度過一生。

倘若如此，我們根本就無法取笑他的上帝存在論證，無法取笑他哲學上的洞察力。

像這樣發覺到沒有人發覺的事情，而這些事情每個人一旦發覺到，都會歪著頭想：「這麼說起來，這原因到底是什麼啊？」如果說這就是哲學家的工作，也是哲學家的偉大之處，那麼，笛卡兒毫無疑問的，就是一位「偉大的哲學家」。

休姆

David Hume

我思故我在。這是笛卡兒得出的絕對真理，帶給了西方人超乎想像的衝擊。

之所以會如此，是因為在此之前的價值觀，認為人類要是缺乏神的幫助，就不能獲得任何真理，而笛卡兒的理論則說，光憑人類的理性，就能推導出「絕對百分之百正確的真理（任何人都無法推翻的、正確的事物）」，這也同時意味著，人類就算不依賴神學，也能靠自己的力量獲得「正確的事物」。不只這樣，而且人類的心靈（主觀）還具備了準確的認知能力，足以正確認識世界（客觀），甚至還是一種超越肉體的、非物質的存在！

人類都已經擁有了那麼棒的心靈（會思考的我），就不需要一直看宗教人士的臉色了。只要透過自己的心靈進行理性思考，發展出「科學」這門新的學問，就能知道愈來愈多世界的真理。

嗯，大概就像這樣的感覺吧，笛卡兒的哲學帶給當時的人們一股希望，在那個稱為「近代」的時代，理性的精神躍為主角，以宗教信仰為重心的時代宣告結束，而笛卡兒的哲學正適合替這個時代掀起序幕。

雖說如此，但同時或許也會令人覺得：「是不是把人類的心靈看得太特別了一點？」或許有人會想要針對這點去反駁笛卡兒的哲學。

歷史上也是如此。當一門哲學大紅大紫後，一定會出現持反對意見的人，彷彿就像是要從中作梗一樣。

例如剛剛提到的彭若斯。他針對人類的心靈，提出了充滿夢幻感的主張，但立刻遭到反駁。而且曾經一起進行研究，並一同獲得沃爾夫獎的盟友霍金，也寄了批判信給他。

「一開始我就把話講清楚，我是個厚臉皮的還原論者。」

這是書信的開頭，而整體的內容如下。

1. 彭若斯完全沒有提出新的理論（數學式）來說明，量子力學那些不可思議的現象，是根據大腦中怎樣的物理條件而產生的。

2. 如果是根據既有的理論，那麼，量子力學的現象在受到外界的影響後，就會立刻消失。因此，若要維持這個現象，並使其產生作用，大腦就必須有一個「完全隔絕外界的系統」，但是目前尚未證實大腦擁有那種精密的結構，也無法想像現實中真的有這樣的情況。

3. 結果，彭若斯的主張，充其量只是這樣的程度：「人的心靈是神祕的，量子力學也很神祕，所以兩者之間一定有什麼關係。」

就如你所見，他完全否定了彭若斯的主張。從信的開頭也可以看得出來，霍金跟彭若斯兩個人的觀點正好相反。這點從彭若斯的著作《人類的心靈》（*The Large, the Small and the Human Mind*）中的文章就能清楚明白。

「我相信生物學理論可以還原為化學理論，化學理論又可以還原成物理學理論。但是另一方面，我認為物理學理論只不過是人類建構出的數學模型，探討物理學理論是否與現實相對應，是沒有意義的，這些理論只不過是用來預言觀測結果而已。（中略）物理學家去談論心靈的問題，讓我感到惶恐。心靈本來就無法從外側來測量。例如，就算明天突然有外星人出現在玄關，我們也無法分辨他是否具有跟人類一樣的心靈，或單純只是個機器人。我們應該談論的是那些可以從外側測量的事物。」

霍金表明了身為一位科學家的嚴格態度，同時這樣斬釘截鐵地評斷彭若斯：「你是個柏拉圖主義者，相信有一個觀念（非物質）世界存在。」不過啊，霍金的確也說得很對。歸根究柢，彭若斯其實也只是在說：「人類的心靈具有無法還原到機械（單純物理作用的集合）的要素。」並沒有提出具體的理論或證據。這麼一來，就只是一些胡言亂語而已，至少無法看作是一名科學家站在學術立場上所講的話。實際受到一般科學家逼問後，恐怕一句話都無法反駁。

一般來說，浪漫主義者與現實主義者對立時，前者的形勢往往較為不利。這也是理所當然的，因為浪漫主義者都只是在說：「雖然沒有證據可以證明，但要是真的是這樣的話，那就太棒了。」

對於笛卡兒的主張，也出現了一位現實主義的批評者。這個人就是人稱英國經驗論集大成者的哲學家——休姆。

在講休姆之前，必須先了解近代哲學分成了兩派，一派是笛卡兒開創的「歐陸理性論」，另一派則是由休姆集大成的「英國經驗論」。

總之就是「誕生於大陸、重視理性的一派」與「誕生於島國、重視經驗的一派」，不過，或許把名稱代換為「重視『演繹法』的一派」與「重視『歸納法』的一派」會更好理解，而這也就是兩者的箇中差異。下面依序介紹這兩者的特徵。

演繹法

何謂演繹法？演繹法是一種「以某些前提為出發點進行思考，再推導出新的結論」的思考方法。

以單純的例子來說，三段論大概是其中最為人所知的。以「A＝B」、「B＝C」這兩個前提為出發點，進行邏輯性思考，就會推導出「A＝C」這個新的結論。這幾乎就是演繹法的定義，也是一個具代表性的例子。

除了這個以外，像是「三角形內角和為一八〇度」這個定理也是。這個定理首先也是先設好了多個「前提（公理）」，諸如：「根據如此這般的條件，所畫出的兩條線，絕對不會相交」接著再按照邏輯上的程序，費了一番功夫以後而推導出的。

這種邏輯上、數學上的證明，「根據理性來導出結論的方式」就稱為演繹法。這種方法的優點有以下兩點。

1. 因為這個方法是根據邏輯與數學等一定的規則來導出答案的，所以不管誰做都會得到一樣的結果。
2. 只要出發點、前提是絕對正確的，那麼，從中導出的答案也會是絕對正確的。

其中，第2項尤其精彩。這是因為，如果真如第2項所述，那麼，就不只是「可以得出絕對正確的答案」，甚至還能「以這個正確答案作為新的出發點，接著再得出更多正確答案」。也就是說，正確答案會無限地連結下去。只要一直重複這個步驟，一個接一個找出「絕對正確的答案」，或許總有一天就能知道世界上所有的事情。

話雖如此，不過「得出正確答案」這件事本身，真的可行嗎？

例如，剛剛介紹過的「三角形的內角和」定理。這個定理是說：「不管是怎樣的三角形，內角和都一定等於一八〇度。」這是由演繹法導出的「正確答案」，不過，要怎麼保證它是正確的呢？

事實上，這一點沒有辦法保證。這是因為，我們沒辦法查遍所有的三角形，看看是不是每個都符合這一點。所以，可能有一天我們隨意畫出一個三角形時，卻畫出了一個內角和二一〇度的三角形。當然，或許也有人會想：「不對，這可是由如此這般的前提出發，再進行邏輯思考後得到的結果，所以一定就是這樣，不會錯的啦！」但是，也有可能人類這個物種本身就有些毛病，因此無法斷言這絕對是正確的（如果有瘋子對你說：「這些東西邏輯上是正確的。」你應該也不會相信）。

不過沒關係。前面也已提到，笛卡兒的哲學可以保證這些是正確的。講得簡單一點就是：「雖然不能確定我的邏輯是不是對的，但是至少確實存在一個『會思考的我』，而我知道上帝，所以上帝也確實存在，而上帝是不會戲弄人的，於是一定把人創造得很好。所以，大家不用擔心啦！」因為有了這項保證，所以人類經過理性思考的結果，不會出現矛盾，也會確實符合現實世界的情況。我們可以相信，只要是用演繹法導出的答案，就算無法確認是否為真，也會是絕對正確的。

但是，英國經驗論的主張，與重視演繹法的歐陸理性論相反。即使理性主義的哲學家把演繹法說得再怎麼優秀，我們終究也只是人類，沒辦法知道哪裡出錯，而搬出「上帝」來證明人類是正確的，這種做法簡直連討論的價值都沒有。

而且，其實演繹法一直都隱藏著風險——或許根本的前提是錯的。演繹法要為真，就必須在前提為真的情況下。但是一說到要怎麼確保前提的「正確性」，可就無論如何也無法辦到了。這是因為，如果要用演繹法（某些合理的東西）來確保這個前提的正確性，就要去看當初這個演繹法（合理的東西）之所以可以成立，所憑藉的前提的正確性是如何確保的——就會像這樣要再提出別的問題。也就是說，正確的前提將無限後退。結果會變成這樣：「前提是正確的嗎？」「前提的前提是正確的嗎？」「前提的前提的前提是正確的嗎？」絕對無法達到一個能夠確保前提的最終目標。

而演繹法只要無法確保前提正確，就會有致命的危險。理由在於，如果使用了演繹法，接二連三發現正確答案，創造出一組正確且合理的東西（知識體系）後，有一天突然發覺前提錯了，那麼至今所累積起來的「正確的東西」，又將化為塵土。

這個感覺好比一開始就把襯衫的扣子扣錯了。一開始扣錯的話，之後也全都會扣錯。至今付出的心血全都泡湯了。明明這樣，卻還「沒有方法可以確認一開始的扣子有沒有扣錯」，實在太可怕了，這樣的襯衫根本就不能穿。

說到底，演繹法只能擁有這種「不確定的正確性」，所以，實在沒辦法斷言由此導出的東西，是「絕對正確的」。經驗主義的哲學家揪出演繹法的這個問題，並主張應該要重視「歸納法」。

歸納法

那麼，何謂歸納法？歸納法是一種「從眾多觀察到的現象中，找出其中的共通點，並導出暫定結論」的思考方法。

克卜勒定律就是一個例子。「行星的軌道不是圓形，而是橢圓形的」、「行星公轉週期的平方，和橢圓軌道的半長軸的立方成正比」，這些關於行星軌道的定律，跟演繹法不同，並不是從某些前提推導出來的。克卜勒非常仔細地閱讀那些長年累積下來的觀測數據後，察覺到其中的共通點：「啊，原來每個行星的軌道感覺都像這樣，都照一樣的方式來運行的！」才發現了這些定律。

因此，能不能發現，就取決於個人的能力（你真的能從大量的數字中，發現「啊，這邊的平方跟立方成正比」嗎），最重要的是，找出來的共通點，有可能還是完全錯誤的。

但是，就算這樣也沒關係。這是因為，對歸納法而言，「正確性」終究只是暫定的。所以，就算克卜勒所找出的共通點，只是他的數據剛好符合而已，而有一天，發現了完全不符合克卜勒定律的行星，對歸納法來說也不痛不癢。歸納法只會直接承認「我錯了」，並思考一套可以修正錯誤的改善方案：「這樣的話，那究竟是什麼因素導致軌道不一樣呢？是哪裡有差異，才會產生這樣的結果呢？」

也就是說，抱持虛心的態度：「如果和觀測到的現象不一樣，就配合這些現象，一點一點調整就好了。」對歸納法而言，觀察到的現象，優先性高於理論與定律。

當然，這種做法無法得到「絕對正確的理論及定律」。因為不管再怎麼努力，都無法否定這種可能性：「導出的理論與定律，在下一個瞬間，就被觀測到的現象推翻。」

不過，這樣也沒什麼不好啊。人類不是那麼不知天高地厚的生物。與其追求「絕對正確的東西」這種超乎能力範圍的東西，不如蒐集許多觀測數據，隨時進行修正，花一段很長的時間，創造出「更加可靠的答案」，這樣比較實際，也比較恰如其分。至少比那些明明不知道到底是真是假，卻還斷言「絕對正確」的那些重視演繹法的傢伙，要好得多了。

好了，以上就是關於「演繹法」與「歸納法」的說明，機會難得，就整理一下兩者的差異吧（請見表2－1）。

從這些差異可以發現，「重視演繹法的歐陸理性論」是一種浪漫主義，他們相信人類經由理性導出的合乎邏輯的答案，與世界的樣貌完全一致，另一方面，「重視歸納法的英

【表2-1　演繹法與歸納法的比較】

演繹法	歸納法
重視理性	重視經驗
歐陸理性論（大陸）	英國經驗論（島國）
由多個前提（公理）導出合乎邏輯的答案。	由多個觀測到的現象，導出滿足這些現象的答案。
理性思考所得出的理論，與世界上的事物，兩者必定一致。	要是太過相信理性的話，就會發生問題。應該以觀測到的現象為基礎，持續進行修正。
浪漫主義	現實主義

國經驗論」可以說是現實主義，並不接受歐陸理性論所相信的這點。

雖說如此，不過那些經驗主義的哲學家，對神仍然採取特別的態度。經驗主義主張：「人類的知識全都是經由經驗（觀測到的現象）而來，沒有任何知識不是來自經驗的。所以，大家來創造凡事都以經驗（觀測到的現象）為基礎的、歸納性的知識體系（學問）吧！」但是，一旦有人問：「這樣的話，那關於神的知識是怎麼回事啊？我覺得神學不是以經驗為基礎耶。」他們就會突然這麼說：「只有關於神的知識不是來自經驗的！唯獨神是特別的！」

不過也是啦，就算說宗教的影響力再怎麼衰微，在當時的西方世界裡，發表對神的種種言論，仍是相當危險的。說「跟神有關的事是例外」，才是大人該有的行為。

然而，就在這時，休姆登場了，他完全不理會社會風氣，是個貫徹經驗主義的男人。休姆堅守經驗主義的立場，完全不接受任何妥協，他甚至斷定，連神也只不過是個從經驗中產生的觀念。

那麼，到底要怎麼從經驗中，產生神的觀念呢？休姆用**「複合觀念」**的想法來說明這點。

例如飛馬這種動物。這種動物是虛構的，現實中並不存在，任何人都沒有「看到飛馬」的經驗，但是我們卻可以很輕易就在心裡浮現出飛馬的模樣。明明我們沒有這樣的經驗，為什麼卻可以想像出牠的樣貌呢？

答案很簡單。因為我們有「看到馬」、「看到翅膀」的經驗，而複合這些經驗後，就產生了飛馬的觀念。也就是這麼回事——

「關於馬的經驗＋關於翅膀的經驗＝關於飛馬的知識」

休姆認為，一些完全不可能有相關經驗的知識，實際上是由既有的經驗組合而成的，而神這個觀念也一樣，是**「由多個經驗組合而成的觀念（複合觀念）」**。舉例來說，像是「在自己幼兒期的時候，叫自己『要那樣做』、『不能這樣做』的父親」、「擁有絕對權力的國王」等等觀念。休姆認為，這些既有的觀念（經驗）複合以後，就產生了神的觀念。

「神，只是藉由絕對的統治者的經驗複合而成，例如父親或國王……等等的經驗。充其量只不過是人類想像的產物。」

在現在這個時代，應該會有滿多人聽了這個主張後會覺得：「嗯，或許真的是這樣喔。」簡單輕鬆地接受了這個說法，不會有什麼多餘的想法，但是在當時的背景下，人們是絕對不會允許這種無神論的。事實上，休姆就因為被人稱為無神論者，而錯失了大學教授的工作。

順帶一提，休姆即使在社會上面臨不利的處境，卻還是一直貫徹經驗主義，究竟他是一個怎樣的人呢？從目前為止所看到的隻字片語來判斷，或許有人對他的印象是「一個堅持自己的主張、毫不退讓，頑固的人」，但其實他是一位個性非常好的人，相關證詞為數眾多。

補充一下，提倡人民主權的理想，在現代為人稱頌，彷彿聖人君子般的盧梭，據當時人們的證詞，卻是一位個性很差、相當討人厭的人。儘管如此，休姆卻還是把盧梭當成自己的朋友，對他十分親切。休姆身邊的人都再三忠告：「盧梭這個傢伙很討厭，不要跟他扯上關係。」可是，休姆仍出手幫助盧梭逃亡，在盧梭希望的地點，準備一個住處供他居住，而且為了讓盧梭往後的生活無虞，甚至還懇請盧梭逃亡之地的國王提供盧梭養老金（但是，日後盧梭陷入了被害妄想，在眾人面前吵著說「休姆說我的壞話」，帶給休姆很大的麻煩）。

先不說這些事了。如果休姆提出的「複合觀念」，可以說明神的觀念，那麼笛卡兒的哲學就陷入絕境了。笛卡兒若要藉由人類知道神的這件事，進而導出其他的說明，就必須要有這樣的前提——

「人類原本是不可能知道神的，故神必須存在。」

而現在卻完全失去了這個前提。如果神的存在無法證明，那麼，根據神的力量才能保證「人類認知正當性」的笛卡兒哲學，就宣告失敗，已經完全無效了。

除此之外，由「我思故我在」所導出的「會思考的我（人類的心靈）」，對於這點休姆也加以否定。休姆主張，所謂的「我」其實是這樣的東西：

「我，不過是一束知覺而已。」

這裡所說的知覺，是「熱」、「冷」、「痛苦」、「快感」、「屁股下椅子的硬度」等等，也就是「在現在這個當下所體驗到的感覺（經驗）」，而大部分的人都會因為這些知覺，而單純地產生真實感，會覺得：「首先要有一個我，然後我才能體驗到各式各樣的知覺。」也就是說，是這樣的架構：「首先要有我這個存在（心靈），然後接受了各式各樣來自外界的知覺。」（參考圖2－1）

但是，休姆對這點抱有疑問，他懷疑這個架構其實應該是「相反」的。

「不對不對，知覺（經驗）才是先有的。首先一開始有了知覺，然後知覺一個接一個，形成一束知覺，不斷地傳過來，所以才會產生『有個能夠持續感覺到這些知覺的固定存在』這樣的真實感，而由此形成了『我』的觀念，應該是這樣才對吧？」

也就是說，是這樣的架構：「首先存在著知覺，接著才產生『我（存在的觀念）』。」

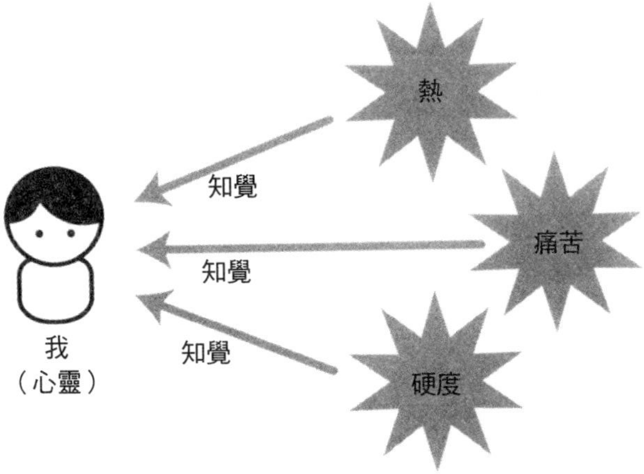

【圖2-1　一般認知的架構】

總而言之，休姆不只主張神不過是「由經驗所產生的觀念（想像中的存在）」，甚至主張「我（心智、心靈）」也是經驗的產物。（參考圖2－2）

這樣一來，「我」已經不再具有笛卡兒所說的那種獨特性了。這是因為，「我」充其量不過是由大腦與神經等等肉體的感官（產生經驗的裝置）所形成的，當肉體毀壞後就會消失，就只是一種這麼虛幻的東西而已。

當然，或許有些人聽了這些話，會覺得這個結論未免也太直接了當、毫不留情了，不過，這個見解比起笛卡兒說的「我，是超越肉體的、非物質性的存在」，可說要來得正經多了吧。

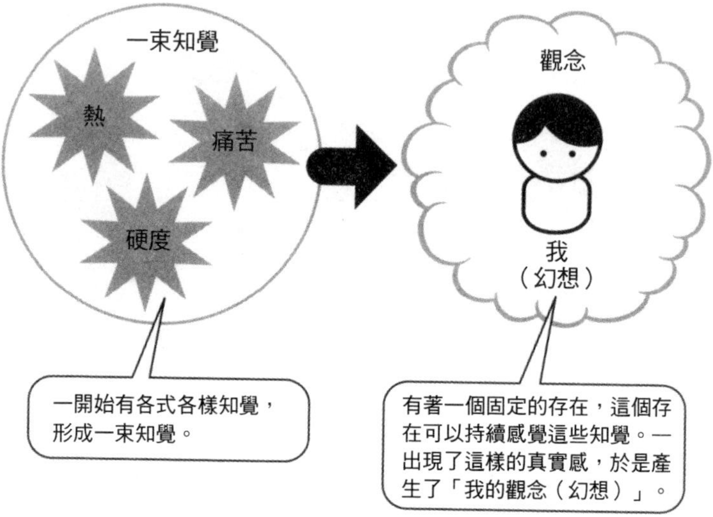
一束知覺
熱
痛苦
硬度
觀念
我
（幻想）
一開始有各式各樣知覺，
形成一束知覺。
有著一個固定的存在，這個存
在可以持續感覺這些知覺。一
出現了這樣的真實感，於是產
生了「我的觀念（幻想）」。

【圖2-2　休姆的架構】

好啦，「神的存在」與「我的存在」都被休姆完全否定。感覺笛卡兒的哲學已經被破壞殆盡了。

不，還沒呢。休姆是個徹底又極端的人，就算對手的生命值歸零了，他也絕不會因此就停止攻擊。休姆竟然連笛卡兒苦心追求的「絕對的正確性（真理）」也要開始否定。

說起來，所謂的「正確」到底是什麼？我們在什麼樣的情況下，會使用「正確」這個詞呢？

其實，這個問題很難回答。這是因為，對於「所謂的正確到底是什麼」這個問題，不管給出什麼樣「正確的答案」，都會產生新的問題，像是這樣：

「『正確的答案』的這個『正確』，指的是什麼意思？你之所以會覺得這個答案『正確』，根據何在？」

也就是說，會開始無限迴圈。「正確是什麼？」「是A。」「那為什麼你覺得A是正確的呢？」「是B。」「那為什麼你覺得B是正確的呢？」「是C。」「那為什麼你……」不管持續多久，都「無法到達一個關於正確性的根本說明」。

但是這樣的話，那我們平常說「正確」、「不正確」的時候，判斷標準到底是從何而來？

休姆的回答很簡單。

「人類在說某個東西『正確』的時候，其中的判斷標準及根據，僅只是來自『好像是正確的』這種『個人心理』。」

總而言之，就是「只是因為那傢伙自己任意產生『這些是對的』的『心情』而已嘛」。

因此，當我們看到「一＋一＝二」的數學式，會覺得是「正確的」，但實際上，並不是「因為這個數學式以理性來看是正確的」，而是當我們重複「拿一顆蘋果和一顆蘋果，會變成兩顆蘋果」的經驗時，會出現「一＋一＝二，好像是正確的」的心情，所以才會這麼認為而已。所以，如果我們生在「拿一顆蘋果和一顆蘋果，會變成三顆蘋果」的世界，一直體驗這樣的經驗後，當我們看到「一＋一＝二」，一定會說：「咦，這個錯了吧。」而看到「一＋一＝三」時，無疑會說：「這個答案絕對是正確的。」

說到底，從這些事情看來，我們可以說的是，「正確」也是一種由經驗產生的觀念。也就是人類這種「**獲得經驗的機器**」，在自己心裡任意創造出來的一種想像。而且，這份根據也只不過是這樣的程度：「從至今的經驗看來，會讓我有這種感覺！」並不是「因為這個『〇〇是正確的』是宇宙的絕對原理，所以人類也會覺得『〇〇是正確的』」。

休姆將經驗主義貫徹到極端的地步。他正面挑戰哲學界的一大派別——理性主義，當時的知識分子還迷迷糊糊地抱持著樂觀的幻想，認為：「透過理性思考，總有一天就能得到所有正確的知識，也包括那些不可能經驗到的東西！」而這樣的幻想，被休姆徹徹底底地打碎了。

貴志「人類不管再怎麼用理性來進行合理的思考，大腦中會出現的東西，也還是全都來自經驗。總歸一句話，經驗才是一切。」

媽媽「這樣的話，那你在電腦上有好多各式各樣的經驗，不久以後一定可以變成一個大人物囉。」

貴志「……」

康德

Immanuel Kant

神，不過是「神的觀念」，只是人類從自身經驗中，自作主張創造出來的。我，也不過是「我的觀念」，只是人類從自身經驗中，自作主張創造出來的。正確，也不過是「正確的觀念」，只是人類從自身經驗中，自作主張創造出來的。

休姆將所有事物都還原為「由經驗所形成的觀念」，徹底否定了理性主義。於是這麼一來，理性主義（笛卡兒）跟經驗主義（休姆）之間的爭鬥，就由經驗主義取得了勝利，不過，你會不會覺得有點怪怪的呢？

的確，人類腦中所浮現的事物，全都是源自於經驗。這個道理我們明白。但是，如果真的所有事物都是來自經驗，那麼，從我們出生以後，不管有了什麼經驗、用什麼方式有了經驗，這些經驗也會是「每一個人都完全不同」的，因此所有事物都會是「人人各不相同」的。這樣一來，就連數學的定理及公式（例如三角形面積的公式），正確與否也只會是「人人各不相同」的經驗，不過，要真是這樣的話，總覺得怪怪的。

也就是說，雖然經驗主義的論點有著一定的說服力，但是——

「所有事物都僅只是由經驗所產生的個人信念（心情）而已！
而且，經驗是『屬於個人』、『人人各不相同』，
所以由經驗所產生的觀念，也會是眾說紛紜，
因此，完全不會有『全體人類共同擁有的觀念』！」

要是說到了這個程度，感覺還真是太過頭了。

實際上，我們知道有些觀念是全體人類共同擁有的，例如幾何學、邏輯學等等。當然，用經驗主義的觀點來說，不過是因為擁有相同經驗的人碰巧聚在一起，接著產生了這些觀念，才會共同擁有一樣的觀念而已，並不是「對全體人類來說都是絕對正確的」，但是，要真是這樣的話，那依據「每個人經驗的差異」，這個世界上應該有更多樣化的「人人各不相同的幾何學」和「人人各不相同的邏輯學」才對。

可是現實中，並沒有這樣的東西。從來沒聽過會依據經驗（例如成長過程、家庭背景等等）的差異，來區分出不同類型的幾何學與邏輯學。

那麼照理來說，人類各自有著各式各樣的經驗，但是對於同一件事卻還是會有相同的思考，並判斷出這樣的思考才是正確的，所以，果然這個世界上的某處，還是有著這樣的東西——

「不受每個人經驗的差異所影響，任何人都必須說是『正確』的，一種唯一的思考方式（觀念）。」

如果存在這種東西的話，那理性主義就一口氣逆轉局勢了！主張「不會因人而異的正確性（演繹法）」的理性主義又重振聲勢！

但是，這個「不受每個人經驗所影響的觀念」真的存在嗎？

答案是「有」！

提出「有」這個答案的，就是德國的哲學家康德。

「經驗」是什麼？

康德為了找出「不受每個人經驗所影響的觀念」，首先思考「經驗是什麼？經驗成立的先決條件是什麼？」最後，康德得出了這份偉大的見解，並在哲學史上占有一席之地——

「『經驗』要成立，
就必須要有『時間與空間的觀念』，
如果人類一開始沒有這些觀念，
其實根本就不可能會有經驗。」

舉例來說，我們不可能會經驗到「不處於任何時間、空間中的蘋果」。事實上，我們甚至無法想像「去看、去吃不處於任何時間與空間中的蘋果」的情況。

也就是說，當我們在經驗到某些事的時候，一定會明白到這些事是「某些時間上、某些空間上的現象」，在這樣的前提下而產生經驗（去看、去感覺等等），不可能用其他形式來獲得經驗。

於是康德提出了這樣的主張：

「『先有了某些事的經驗，之後再產生時間和空間的觀念。』這種情況是不可能成立的。經驗要能成立，就必須先有用來掌握事情的框架，也就是『時間與空間』。故『時間與空間』是先於經驗的觀念，是每個人『與生俱來的觀念（先驗的觀念）』，由此才能構成經驗，而時間與空間，也是一種人類共通的觀念，不受每個人經驗的差異所影響。」

根據這個論點，「三角形面積等等的幾何學」的公式，也就是一種「空間」的公式，所以不是來自經驗的，而是「全體人類可以共同擁有的觀念」，其正確性不會受到個人差異所影響。從這件案例當中，我們可以清楚確定，「存在著不會受到每個人的經驗所影響的觀念」。也就是說，這個論點明顯否定了經驗主義「所有的觀念都是從經驗中產生的」的斷定。

但是，對於康德的這些論點，或許有人會這麼反駁：

「不對啊，雖然康德說時間和空間是與生俱來的觀念，可是剛出生的小嬰兒，根本不可能知道時間和空間的觀念吧。一開始應該什麼都不知道，然後看了各式各樣的東西和景色以後，才漸漸形成了時間和空間的觀念吧？」

對，問得好。

要回答這個問題，用「遠近法」這種具體的事物來說明，或許會比用「時間與空間」這種抽象的事物，要來得容易理解。

「遠近法」就是你知道的那樣，是一種空間的法則，近的東西看起來比較大，遠的東西看起來比較小。當然，遠近法這個「詞彙」，跟其中的「道理」，在還是小嬰兒的時候是不可能知道的。所以，如果有人跟你說：「遠近法是與生俱來觀念。」你就會覺得：「咦？」但是，請仔細想想看。

假設我們因為喪失記憶或是某些原因，導致至今學會的觀念全都忘光了。然後在這個狀態下看到蘋果。這個時候，我們完全不知道眼前的這個圓圓的東西到底是什麼，也不知道遠近法這個詞，但是，只要我們「看得到」某個大小的圓圓東西，這份視覺影像就一定會出現「大小遵循了遠近法規則的圓」（參考圖2－3）。

簡單來說，這件事告訴我們，不管我們知不知道遠近法這個詞，也不管我們知不知道其中的道理，「看東西」的這個經驗，一開始就包含了「遠近法的規則」，沒有了這

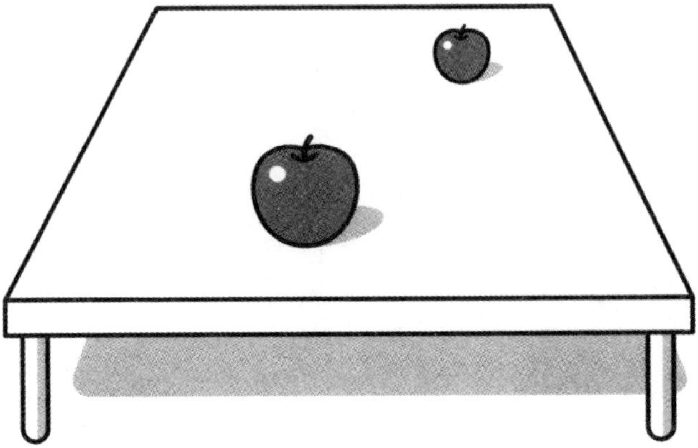

【圖2-3　遵循遠近法的蘋果圖】

個規則，就無法構成「看的經驗（視覺影像）」。因此，只要我們這種生物有「看的經驗」，那麼，不管我們至今有過什麼樣的經驗、知道了什麼，遠近法（或一些關於空間的法則）都會是構成經驗所不可或缺的觀念，可以說是人類（有「看」這種經驗的生物）「與生俱來的觀念」。（讀到這裡還是覺得有看沒有懂的人，恐怕是卡在「觀念」這個很難想像的詞上面。這種時候就乾脆把「觀念」這個詞用「（讓經驗得以構成的）構造」或是「框架」來代入，重新再看一次。）

理性主義與經驗主義

這邊再用圖說明一次目前提到的康德

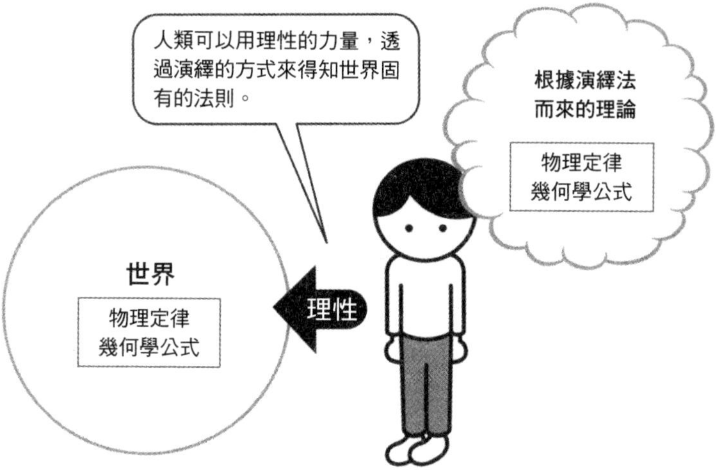

【圖2-4　理性主義的世界】

哲學，同時跟理性主義與經驗主義互相比較。用對照圖應該就能更具體地了解，康德完成了何其偉大的工作。

圖2－4是理性主義的世界。如你所見，圖中首先存在一個擁有理性法則的世界，而人類看著這樣一個世界。這張圖的基本想法是：「數學與幾何學等等法則（絕對正確的規則），一開始就存在這個世界裡，人類可以用『理性思考事物的能力』來認識這些法則。」說真的啦，我想一般思考的時候，最先想到的就是這種單純的世界（順帶一提，笛卡兒就是為了要主張這張圖中的內容是對的，而努力去證明神的存在）。

接下來的圖2－5，是經驗主義的世界。經驗主義跟理性主義不同，是徹底的現實主義，並不採用「存在一個擁有理性法則的世

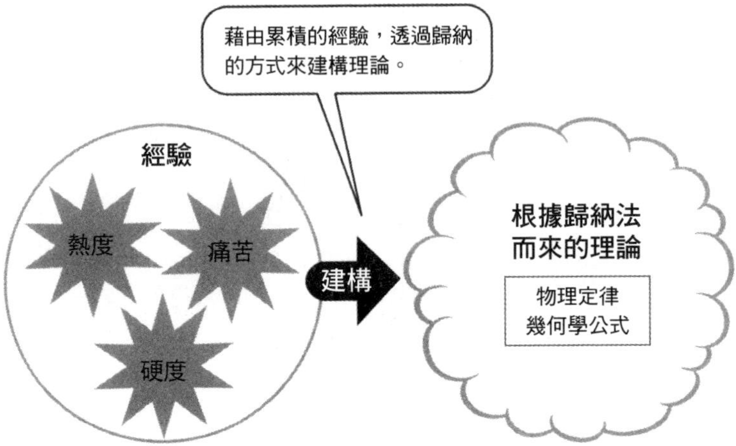

【圖2-5　經驗主義的世界】

界」這樣的假說。對經驗主義來說，稱得上是「確實存在」的並不是「世界」，而是此時此刻看到的視覺影像，以及指尖感覺到的觸感等等這些「經驗」，所以他們一開頭就是由「經驗」開始。也就是說，在他們的世界裡，唯一可以確定的只有經驗，一切都是由經驗產生的。因此，不管是數學還是幾何學，都會是從經驗中形成的，不過，人們自然會問：「那這些經驗是從哪裡來的？」對於這個問題，經驗主義卻完全不予回答。

最後的圖2-6，是康德的哲學。康德思考了「經驗（認知）是如何形成的」，所以可以想成是，他是思考在經驗主義的圖中，仍是一團迷霧的左側（經驗形成之前），這樣應該就很容易理解。簡單來說，

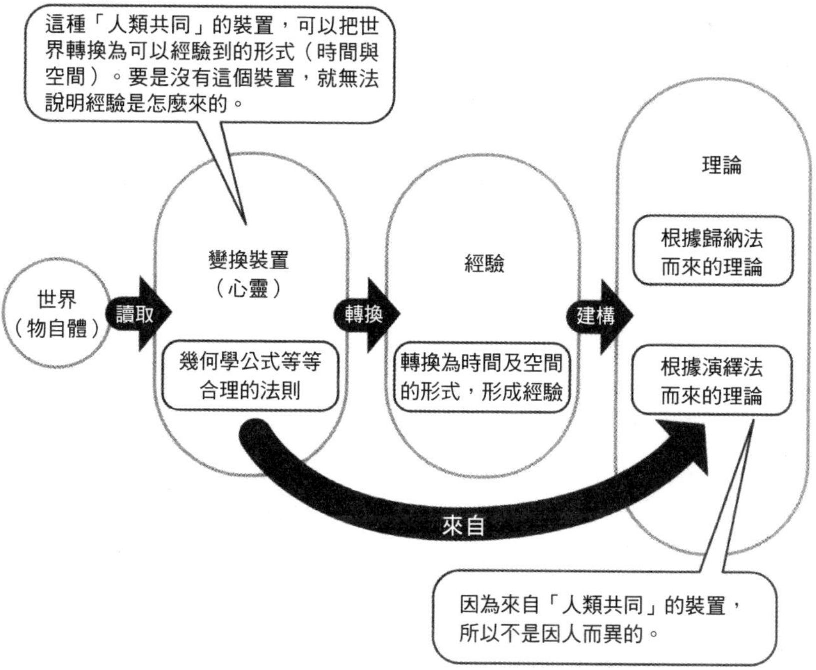
這種「人類共同」的裝置，可以把世界轉換為可以經驗到的形式（時間與空間）。要是沒有這個裝置，就無法說明經驗是怎麼來的。
世界（物自體）
讀取
變換裝置（心靈）
幾何學公式等等合理的法則
轉換
經驗
轉換為時間及空間的形式，形成經驗
建構
理論
根據歸納法而來的理論
根據演繹法而來的理論
來自
因為來自「人類共同」的裝置，所以不是因人而異的。

【圖2-6　康德的世界】

康德思考要有什麼樣的要素才能產生經驗，並追加到經驗主義的圖中。逐一來看看這些要素吧。

首先是**變更裝置（心靈）**，這個裝置會將世界轉換為「可以經驗到的形式（一種處於時間跟空間中的形式）」。如果沒有這個裝置，那麼，具有某種合理性與形式的那些經驗，就會「不知道為什麼突然出現」，令人感到怪異，所以「人類與世界之間，存在著這種轉換的裝置，將兩者連結起來」的想法，可說是還滿恰當的。這個變換裝置具備的規則（變換的方法），就是「空間與時間等等與生俱來的觀念」，也是那些無人能否定其正確性的知識與學問的基礎——這就是康德哲學的核心。

另外，其實這邊所說的變換裝置，康德是用比較難懂的方式命名（悟性之類的），初學者很難理解這些專門用語，所以本書為了讓大家容易想像，就寫成「變換裝置（心靈）」。

接著是**世界（物自體）**，經驗來自世界。沒有了世界，根本就不可能出現經驗，所以「人類的外界存在著某種世界」的想法，也還算恰當。只是，康德所說的世界，是在變換裝置轉換成可以經驗到的形式之前的世界，因此，我們絕對無法直接經驗並認識這個世界本身。而這個「轉換為可以經驗到的形式之前的世界、人類無法認識到的世界」，康德稱為「物自體」。

好了，圖2－6跟歷來的想法不同的地方，在於「人類不是直接經驗（認識）世界，而是要透過一種過濾器——變換裝置，轉換為『可以經驗到的形式（時間與空間的形式）』後，才會產生經驗。」不管怎樣，從康德的思想裡，我們可以確定以下幾點。

1. 不會因人而異、合理的法則（數學和幾何學），是透過變換裝置而產生的，任何人類（擁有相同變換裝置、相同經驗形式的生物）都不能否定這些合理法則的正確性。因此，演繹法就會成立。
2. 人類在產生經驗之後，藉由這些經驗，形成人人各不相同的觀念。因此，歸納法就會成立。

總而言之，就是在說：「如果用這套理論來看的話，那演繹法（理性主義）跟歸納法（經驗主義）兩者都會成立喔！」也就是說，康德完成了一套新的哲學，可以消解當時對立的兩大派系——理性主義與經驗主義，成功為哲學史上帶來重大進展。

用類比的方式來說明

這次要用「日常生活的類比（比喻）」來說明康德的哲學。我想這次一定可以獲得比之前都還要深入的理解。

首先請想像「用電腦來讀取DVD後播放影片」這樣一幅平凡無奇的圖。（參考圖2－7）

平常的人會容易以為是「DVD裡面裝著影片，要看的時候把這些影片放出來」，但實際上並非如此。其實DVD只是在圓盤上燒錄了超細微的「凹凹凸凸的印記」而已。所以不管怎麼盯著DVD看，也只會發現「凸凸凹凸凹凹凹凸凹凹……」這些「凹凸的排列」，完全無法看到影片。也就是說，所謂的DVD，是一個神祕的圓盤，上面僅刻著大量「凹凸的排列」，DVD本身不帶有任何意義。

因此，要讓DVD出現影片，就需要一個可以把這些轉換為影片的裝置（電腦）。譬如說，讀取到的排列如果是「凹凸凹凹凸凹凸凸」，就會在右邊顯示紅點，如果是「凸凹凹凹凸凸凹凸」，就會顯示藍點……諸如此類。像這樣透過變換裝置後，原本莫名其妙的那些「凹凸排列」，才會藉由某種形式，顯現出具有意義的形態，也就是「影

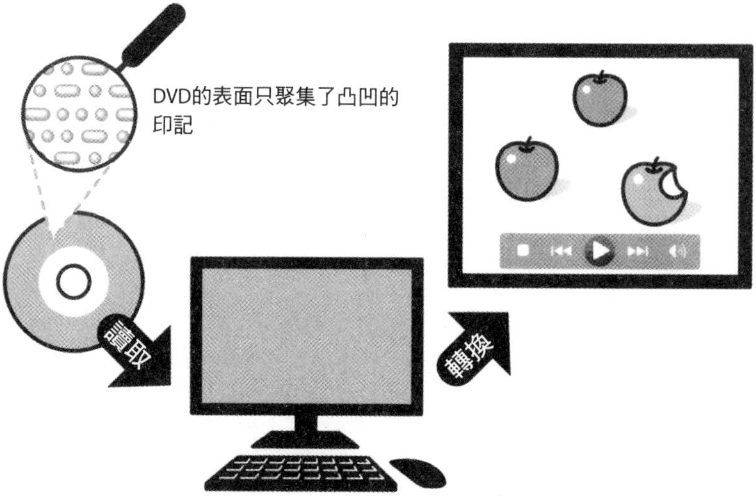

【圖2-7　從讀取到轉換的過程】

片」。

好了，這邊要注意的一點是，不管從影片中獲得什麼資訊，這些資訊都跟DVD本身沒有任何關係。舉例來說，只要將影片播放出來，看得到影像的時候，影像當然就會有各種「上」、「下」、「左」、「右」的畫面，不過這些「上下左右」的資訊，並不存在於DVD本身（因為DVD上面就只有凹凸排列而已）。

那麼，這些「上下左右」到底是從哪來的呢？當然就是來自電腦（變換裝置）。正因為電腦「特意將凹凸排列轉換成能出現上下左右的形式，再顯現出來」，才會產生「上下左右」這種東西。

因此，只要擁有相同類型的電腦（變換裝置），就可以針對DVD的內容，用「上下左右」的詞彙，來擁有共同的知識，例如說，當有人問：「上面有什麼？」就會出現共同的答案：「有蘋果。」不過反過來說，如果是不同類型的電腦，那麼關於「上下左右」的知識就會完全不一樣了。

假設現在有一台類型完全不同的電腦，當「凹凸凹凹凸凹凸凸」的時候，會響起「嗶——」的聲音，當「凸凹凹凹凸凸凹凹」的時候，會響起「噗——」的聲音。而假設有人擁有這種電腦……，不對，這邊要更加大膽一點，假設有人用這種電腦取代大腦，裝進頭蓋骨裡，那麼，那些「上下左右」的事情，這個人就不會明白了。因為對他而言，這個電腦所產生的那些怪異聲響，才是DVD裡面的資訊。所以即使問他：「上面有什麼？」他應該也只會說：「啊？你在說什麼啊我聽不懂啦。」甚至還會說：「我跟你說喔，這個DVD是由『嗶——』跟『噗——』的音組成的……」這番言論對那些擁有與他不同類型電腦的人來說，簡直就是胡說八道。

那麼，DVD會播放出怪異聲響的人，跟DVD出現上下左右畫面的人，哪一邊才是正確的呢？當然，兩邊都不正確。其實DVD沒有顏色、形狀，也沒有「嗶——」或「噗——」的音。這邊一再重複，DVD本身只不過是凹凸的排列、小小一粒一粒的集合體而已。所以，轉變的方法有無限多種，並沒有絕對正確的一種。總歸來說，就只是人們擅自拿著電腦（變換裝置），擅自用這種轉換的形式來觀看DVD而已。並沒有說誰的電腦是對的，誰的電腦是錯的。

好了，說到這裡，大家應該已經可以明白，這個類比跟康德哲學的對應關係了。總之，「DVD＝世界（物自體）」、「電腦＝變換裝置（心靈）」、「影片＝經驗」。從這個類比的例子可以理解到，我們之所以擁有「上下左右」、「長寬高」這些空間的觀念（經驗），並不是因為「世界就是如此」。只是我們與生俱來的變換裝置（人類的心靈），剛好是用這樣的形式來構成經驗的，而透過這種變換裝置後，「看起來好像存在著這種世界」而已。

所以，搞不好只是人類的心靈自顧自的看到這些景像，而真正的世界根本就不是三次元空間也說不定。這是因為，空間不是一種「源自於世界的事物」，而完全是「源自於人類心靈（將世界轉換到可以產生經驗形式的一種裝置）的事物」。因此，甚至可以說，這麼想才會比較恰當：

「真正的世界（變成經驗以前的世界）完全不存在『長寬高』這些三次元的座標軸！」

不對，才不只是這樣。在真正的世界裡，或許連我們知道的「物理定律」都不存在。理由跟剛剛講到的空間一樣。物理定律也可以說是「源自於人類心靈的事物」。

也許有人會覺得：「咦！這怎麼可能？」

「不對啊，物理定律跟人類毫無關係，是一開始就存在於這個世界上的吧。物理定律怎麼可能源自於人類心靈啊！」

但是，請你好好想一想。

說起來我們這種生物，是用影片的形式來產生經驗的，就像是頭蓋骨裡裝著一台電腦，這台電腦會把神經傳來的刺激訊息（陣陣抽蓄、凹凸的信號），轉換成影片播放出來。而且，我們深信這部影片的內容就是「世界」，例如，看到蘋果掉到地上的影片，我們就說：「啊，有萬有引力的定律！」但是「深信這部影片就是世界，找出這部影片裡的規則，再自作主張地化為數學公式」……如果說，這就是我們所謂的物理定律的真面目，那麼，「真正的世界裡沒有物理定律」——這樣的想法才會比較恰當吧。因為，這些物理定律終究只存在於「影片中的世界」而已。

不相信的人，可以想一想前面舉過的「頭蓋骨裡裝的電腦，會播放怪異音樂的男人」的例子，如果他跑過來這裡，對我們說：

「世界是用『嗶——軸』跟『噗——軸』構成的，軸上的物體的移動方式，是根據這些數學算式。這是世界上絕對的物理定律。」

你應該會想要聳聳肩，對他說：

「才不是，這只是你自己想的吧。而且『嗶——軸』到底是什麼鬼啊。那些應該只有『你的世界裡』才有吧。」

當然，這些反駁的話也可以適用於「用影片來獲得經驗的自己身上」。

「高度到底是什麼鬼啊。掉下來到底是什麼鬼啊。三角形的面積到底是什麼鬼啊。那些應該只有『你的世界裡』才有吧。」

總而言之，這些都只是自己想的。擅自產生錯誤的想法，以為這些想法具有普遍性。結果，不管我們從經驗（影片）中找出了什麼東西，只要這些東西是「由經驗的形式所產生的事物」，那就絕不具有普遍性與絕對性，僅只是「彼此都是用一樣的形式獲得經驗的人，才能了解的一種限定的事物」。

順便說一下，剛剛為了讓大家比較好理解，用了這樣的方式來描述：「在頭蓋骨裡面，裝入能將神經的刺激訊息轉換成影片的裝置（大腦）。」但是，通常在哲學上是不會這樣說的。如果是這種情況，自己就會知道影片是由神經和大腦所產生的，不可能會忘記光、眼睛、神經、大腦等等全部的東西都是「影片裡才有的事物（轉換成人類經驗形式後的事物）」。所以，這些東西在真實世界裡可能不存在，即便存在，也可能與我們設想的樣態不一樣。就這點來說，我們絕對不會明白「是什麼東西、用什麼方式產生影片（播放於意識中的影像、感質）」，這些是我們無法理解的事物。

康德哲學重點整理

好了，前面已經反覆說明了康德哲學，這邊簡單整理如下。

1. 人類擁有「**與生俱來的觀念**」，這些觀念不會受到個人經驗的差異所影響。
2. 這個「與生俱來的觀念」，來自於人類固有的經驗形式，是全體人類都能共同擁有的。而演繹法（任何人都不能否定其正確性的一種合理思考方式）成立的根據，就是來自人類擁有的「與生俱來的觀念」。

3. 只是，不管演繹法導出怎樣的答案，也不過是僅存於人類心中的真理而已。

不論哪一項，都是很偉大的哲學論點，不過其中尤其以第3項最令人震撼。我們聽到「真理」這個詞的時候，通常都會浮現出「具普遍性且絕對正確」的印象，應該說，感覺這樣根本就是理所當然的。「不具普遍性，也不是絕對正確的，卻是真理。」這種話簡直是莫名其妙。

但是，康德說不是這樣。人類所能得到的真理（例如用演繹法導出的三角形面積公式等等），必定只是「只限定於人類的真理」。也就是說，人類不管再怎麼思考，不管再怎麼發展學問，絕對都不會得到「普遍且絕對的真理」。

康德的這番「真理探究有其極限」的宣言，當然帶給了當時的人很大的衝擊。之後掀起了很大的爭論，其中也包含人們在心理上排斥這種說法的緣故，不過順帶一提，這位當事人卻不太會看氣氛，甚至還將自己逆轉「真理（客觀）與人類（主觀）關係」的哲學研究成果，比擬為哥白尼以地動說逆轉了「天與地的關係」。自稱為「**哥白尼式的轉向**」。總而言之，他就像是這樣，沉浸在喜悅中：

「我想出了超厲害的哲學，顛覆了大家一直以來的認知！我真的是哲學界的哥白尼耶！」

如果這些話是後世給康德的評價倒還沒什麼問題，但從自己的口中講出來，實在是無藥可救了（笑）。

不過，事情到此還沒結束。康德絲毫不理會大家不知所措及失望的心情，還是不會看周遭氣氛，又接二連三地說明**人類的極限**。

這邊稍微來講一下康德寫的《純粹理性批判》這本書。這本書是他的代表作，讓他成為了一位偉大的哲學家，在現代仍是有志於哲學者必看的古典名著，不過他在序論這麼寫著：

「至今人類自信滿滿地去探討神啊靈魂啊這些眼睛看不到的東西，但全都以失敗告終。這是因為人類一直都懶得弄清自己的理性（清楚分析哪些東西有辦法探討、哪些東西沒辦法探討）。」

也就是說，就跟笛卡兒那章講的相機例子一樣。「我的電腦超棒的喔！」不該像這樣胡亂地使用電腦進行計算，而是要這樣：「在用電腦之前，要先查清楚這台電腦能做什麼、不能做什麼，這點不可以偷懶喔！」雖然說這種話，實在會讓人覺得：「你真的好煩喔。」但是，如果一直用電腦去解決電腦無法解決的問題，也只是暴殄天物。不只沒有意義，而且只是白白消耗能量而已。

就這點來看，康德的主張正確之至，不過，具體來說要怎麼查清楚呢？這邊也跟分析人類經驗的時候一樣。康德認為「人類的思考能力（理性）」擁有「與生俱來的一定的形式」，也就是說，「**所有人類都有一樣的、與生俱來的思考方式與思考框架**」。

例如，因果律就是如此。也就是「有原因才有結果」的思考方式。當我們看到有球滾了過來，我們就會覺得，一定有個某人投了球的「原因」。球滾了過來，但是卻沒有原因，我們無法想像、也無法理解這樣的事情。總而言之，這件事表示，人類只能在「因果律的形式（「有原因才有結果」的思考框架）」裡想事情。

其他還有像是大、小之類的「量的關係性」。我們會覺得，只要有物體，就一定會有大小（量），若是有兩個物體，我們一定會覺得有種「跟物體A比起來，物體B比較大」這樣的「量的關係性」。我們無法想像沒有大小（量）的物體，也無法想像兩個物體之間，會沒有「量的關係性」。這點也跟因果律一樣，表示我們只能在「量的關係性」

的形式裡想事情。（為什麼人類會用這樣的思考形式，或框架來想事情呢？我們與生俱來的「時間與空間」的觀念，占了很大的因素。只要我們是用「時間」的形式來產生經驗，就非得用「時間序列中的事件串（原因與結果）」的方式來掌握事情，只要我們是用「空間」的形式來產生經驗，就非得用「大小（量）」和「大小關係」的方式來掌握事情。）

結果，只要我們是人類（一種用時間與空間的形式，播放「世界」這個DVD的生物），就無法逃離這些思考的形式。我們並不能自由自在地思考所有事情，我們只能在與生俱來的這種形式的框架中思考、理解事情。

好了，經過了這麼多分析，康德終於要完成「**弄清楚人類思考的形式**」這項極其偉大的工作了，但在這之前，康德先進行了以下的思考測試。

1. 想出一個問題A。
2. 假設問題A為真（對），再依照康德所分析的「人類的思考形式」來思考，檢查看看會不會出現矛盾。
3. 假設問題A為假（不對），再進行同樣的思考，檢查看看會不會出現矛盾。

如果做了這個思考測試後，發現「不管假設為真還是為假，都會產生矛盾」，那麼，這個問題A就是「無法用人類的思考形式來判定真假的問題」，也就是「人類無法思考的問題」——康德下了這樣的結論。

那麼，我們現在就來試試看，康德實際使用的例子：**「宇宙有開始嗎？」**

假設這個問題為真（對），「宇宙有開始」，那麼宇宙開始之前的狀態是什麼？也就是說，就會有個「宇宙還不存在時的『無』的狀態」，不過這樣一來，就會是「宇宙從無中生有，在沒有任何原因的情況下就產生了」，這樣很奇怪。

那反過來說，假設這個問題為假（不對），也就是說，假設「宇宙沒有開始」又會如何呢？在這個假設下，因為「沒有開始」，所以宇宙的過去可以一直追溯下去，等於具有「無限的過去」，這樣一來，要存在「某個時間的宇宙」，前提就必須是已經度過了「無限的時間（無限的過去）」，但這樣也很奇怪。（因為，「度過了無限的時間」語意不明，就像是說「吃完了無限的飯」一樣的感覺。）

結果，不管假設為真（有）還是為假（沒有），都會「產生矛盾（得出人類的思考形式所無法理解的結論）」，所以「宇宙有開始嗎？」這個問題，就可說是「人類絕對無法得出答案的問題」。

好了，這裡很重要的一點在於，結論中的這個「無法」，是指**不管提出任何不同的思考方式、主張，都還是沒有半點反駁的餘地**。這是因為，康德的思考測試，只用了「一種人類與生俱來的思考形式，人類絕對必須用這種方式思考」，只藉著這種思考形式，就會產生矛盾。所以，就算主張「我是〇〇主義者！跟你們的思考形式不一樣！」也沒有用。只要是用人類的方式來思考，不同主張的思考方式仍然無法影響結果，對於這個問題，人類想要回答出一個有意義的答案，是完全無望了。

順帶一提，康德藉著相同的測試，測試了以下的問題後，他下了結論，認為人類也不能解決這些問題。

「宇宙是由無法分割的最小單位（原子與基本粒子）構成的嗎？還是並非如此？」

「人類有自由意志嗎？還是只是依循物理定律進行運動的機器呢？」

「有個身為萬物之因的絕對者（神）存在嗎？還是沒有呢？」

或許有人會很驚訝：「咦，這個問題沒有辦法想嗎？」或許也有人會覺得：「咦，哲學不就是一直毫無意義地想這些東西（自由啊、神啊、世界的盡頭啊）嗎？」很可惜，這些哲學問題已經被康德抹殺掉了。

所以，如果有人還在想這些問題的話……就完全跟不上時代了。這只不過是毫無意義地白白消耗能量而已。

結果，就算我們再怎麼說：「我可以隨心所欲地思考！」也只能按照康德所說的形式來想事情，只能去想那些康德所說的範圍裡的問題。「有志於哲學的人、從事思考職業的人，在胡亂發表言論之前，快點去讀康德！」學者、前輩之所以一直這麼反覆叮嚀的原因就在這裡。

貴志　「（不讀康德就來寫文章）喀答喀答喀答喀答……」

媽媽　「你怎麼一邊用電腦一邊在笑啊。對了，我買回來的求職雜誌你看了嗎？」

黑格爾

Georg Wilhelm Friedrich Hegel

人類擁有的「與生俱來的觀念」和「與生俱來的思考形式」，是所有人類都相同的，所以運用這些而導出的結論，在人類之間是「絕對正確的知識與學問」，可以由所有人類共同擁有。

藉著康德卓越出眾的哲學，原本已遍體鱗傷的理性主義又站了起來，成功進行重整（消解與經驗主義的對立），但另一方面，卻也帶來了兩點令人失望的事情。

其一，**絕對無法得知物自體！**

人類不透過「變換裝置（心靈）」就無法得知事物，所以人類可以得知的事物，就只有「被自己的變換裝置扭曲過的東西」。因此，「事物在被變換裝置扭曲之前的真正樣貌」，也就是「物自體」，是人類絕對無法得知的。總而言之，人類沒辦法知道世界的真理、世界的真實樣貌，光是去思考這些東西都是白費工夫。

其二，**無法得知人類思考形式範圍以外的東西！**

所有人類都一樣擁有「與生俱來的思考形式」，不過反過來說，就表示也有著這樣的極限：「只要是人類，不管是誰（就算是個超級天才），也只能在這個思考形式的範圍內進行思考。」因此，超越這個極限的問題，諸如「宇宙的起源」、「自由」、「神」之類饒富興味的問題，就完全沒有得出答案的可能性，光是去思考這些東西都是白費工夫。

所以，雖說最後得到了這樣的結論：「人類就在人類的範圍之內，努力邁向只能適用於特定部分的真理吧！」但是這份人類極限的論點，帶給了當時人們負面的情緒（這也是當然的吧。大家就是為了追尋「普遍的真理」，才好不容易將學問發展至今的，所以這種事實在是太令人失望了）。

然而，這在這時，出現了一個跟康德的主張完全相反——也就是「人類才沒有極限呢♪」──的男人。這個男人名叫黑格爾。他藉由他的這份滿懷希望的、樂觀的哲學，竟然輕易地就趕跑了（原本應該沒有人可以反駁、完美無缺的）康德哲學，並且，就這樣一口氣躍為哲學界的巨星。他站在時代的最前端，完成了理性主義的哲學（近代哲學），成為「近代哲學的集大成者」，成就了如此非凡的大業。

絕世的樂天派黑格爾

好了，本章的主角──黑格爾這位哲學家，哲學入門書經常會用「**樂觀**」來介紹他。但是，所謂的樂觀到底是指怎麼樣的事呢？簡單來說，就是「不會擔心、煩惱」。

「那些煩惱也沒用的事情，
再怎麼想也沒用，
如果一件事情我們無能為力，
就表示根本不用去管了啊♪」

會有這種想法的，就是所謂的「樂觀」，而黑格爾名符其實就是這樣的一個人。

例如，康德主張：「人類是絕對無法得知真實世界（物自體）的！」對於康德這種可謂是悲觀的論點，黑格爾提出了如下的樂觀回應：

「咦，這樣喔？那只要不把這個叫做『真實世界』不就好了♪」

沒錯，就因為特意把人類無法認識的領域，命名為「真實世界（物自體＝真實的存在）」，所以才會一直這樣煩惱：「哇啊啊，人類竟然沒辦法知道『世界的真實樣貌』！」

話說回來，康德的「物自體」，就其定義來看，是「按照原理絕對無法加以認識的」。因為，我們把被人經驗之前的狀態下的事物，稱為「物自體」，所以人們就無法經驗（認識）物自體（如果可以經驗到，那就不符合定義了）。

既然這樣的話，那麼那種東西根本就無所謂了嘛。如果認識一項事物的可能性是零，那根本就等於沒有這種東西。不管再怎麼去談論這東西，既沒辦法得知，也沒辦法查明，所以就連去想這些東西都是在白費時間。與其拘泥於這些東西上，不如把看得到、摸得到的世界——也就是「藉由人類的經驗所呈現的世界」——視為「真實的世界」，認定「在這之外根本不存在什麼真實的世界」，這樣還要好得多。

這個解決方式多麼令人驚訝啊。黑格爾將康德世界結構中「物自體」的部分，非常大膽地畫上了叉叉，輕易地就消去了。當然，因為黑格爾是位哲學家，所以針對消去的理由，會確實地給出合理的說明。

「不管『物自體』究竟是如何，
終究也只是人類強詞奪理、硬想出來的東西而已。
也就是說，所謂的物自體，
也只不過是由人類『內側』產生的一種觀念。
說它存在於人類『外側』，根本就不合理吧？」

雖然感覺有點亂來，但是也有道理。總之就是在說，「人類的外側（無法認識到的領域）」存在於「由人類的內側所創造出的觀念（物自體）」，仔細想想是滿奇怪的。

根據這個主張所言，就算康德再怎麼論述「人類外側的事物（物自體）」，這些根本就是人類內側所創造出的觀念，同時也是「人類內側的事物」，所以康德對於人類外側的事物「其實完全無法論述」（如果要說康德有可以論述的事，那頂多就只有「人類外側的事物（物自體）這個觀念，出現在人類的內側了」）。

這樣一來，物自體根本就沒什麼好怕的了。「雖然說有物自體這個東西，但是關於它什麼都沒辦法說嘛（笑）。」即然這樣，就當作從來沒有過這個東西就好了。

黑格爾也是這麼主張的，但是這樣好像滿狡猾的吧？說起來，既然這麼說的話，那不只是物自體，甚至連所有事物都會還原成「人類內側的事物」，感覺就倒退回經驗主義了：「一切都是由『經驗（人類內側的事物）』所產生的自以為是。」

不過，黑格爾絲毫不在意這些。不只這樣，甚至還將這份想法進行得比經驗主義更加徹底，導出了驚人的結論。換句話說，他從世界的一切都可以還原成「人類內側的事物（經驗、認知、觀念）」，進而發展出如下的新世界觀。

我（人類的心靈）＝世界

多麼正面的思考方式啊。也就是說，經驗論是用負面的方式來看待：「世界終究只是從人類經驗中所產生的自以為是，只是人類內側事件的集合而已啦！」相對的，黑格爾則是用正面的方式來看待：「所以說，世界就是從我的內側產生的嘛，這樣的話那就是『我＝世界』了耶，人類真是太厲害了♪」

這邊或許也會讓人感覺有點亂來。但是，就如康德那章所見，歸根究柢，人類看到的世界（空間和時間），是來自人類的心靈（變換裝置），「理解世界的原理與結構」可以說就等於「理解人類心靈的原理與結構」，於是就這個意義上來講，「我（人類的心靈）和世界在本質上相同」的想法，在理論上是正確的。

黑格爾自己講的這句名言，可以將他的世界觀表達得很清楚。

「凡是合理的都是現實的，凡是現實的都是合理的。」

這句話簡單來說就是：人類擁有「用合理的方式掌握事物的能力（理性）」，而世界就是根據這個而形成的（換句話說，由於理性的運作，才會出現人類覺得是現實的東西），所以世界在我們眼裡看起來，會具有合理的構造，就是理所當然的啊。

那麼，這段描述人類的認知有極限的一段話又如何呢？

「人類的經驗形式是固定的，所以『認知事物的方式』、『思考事物的方式』的形式也都是固定的，因此人類的認知有一定的極限，人類無法獲得普遍的真理。」

這是前面所談過的康德的極限論點，而對於這點，黑格爾又直接回應「人類根本沒有極限吧♪」，真不愧是黑格爾。

其實對黑格爾來說，人類的認知具有固定性的這個說法，本身就很奇怪。看看歷史就知道了。如果說人類的認知和思考形式，像康德說的那樣硬梆梆、一點變化都沒有，那麼歷史根本就不會進展，人類幾千年來應該一直重複一樣的生活才對。

但是，現實並非如此。從小聚落到龐大的君主制國家，再從君主制國家轉變成自由平等的民主國家，人類的歷史無疑是往更完善的方向進展。當然，這些社會系統（世界）的進展，是來自人類的心靈，所以我們必須得說，人類的心靈也一樣一直在進展（對黑格爾而言，從人類心靈的內側所產生的事物，即是「世界」）。

總之，用一句話簡單來說，就是：「『我＝世界』，世界持續在成長，所以我當然也持續在成長囉——♪」黑格爾藉由回顧歷史，發現了人類的心靈具有「不斷成長」的性質。

可是，人類的心靈「不斷成長」，具體到底是指怎樣的情況呢？黑格爾用下面這句話來說明。

「人類的心靈，是用辯證法的方式不斷成長的。」

這裡說的「辯證法」是什麼呢？簡單來說，就是這樣。

1. 對於命題A，出現了肯定的聲音。
例：「我贊成那個物體是圓的！因為很明顯就是圓的嘛！」

2. 出現了反對命題A的聲音，否定命題A。
例：「不對啦，我反對！怎麼看都是四角形的啊！」

3. 在雙方吵得不可開交的時候，出現了一個超越性的意見，同時滿足兩者的說法。
例：「搞什麼啊，原來這是圓柱體啊。所以用不同的角度看，有時候看起來是圓的，有時候會是四角形啊！我懂了！」

4. 但是過了不久，對於這個超越性的意見，又出現了一個反對的聲音，爭論再度開始，並出現了「又更具超越性的意見」。而之後這些情況又一直重複下去，接二連三出現更出色的超越性意見。

完畢。其實聽起來也不怎樣吧。「辯證法」這個詞，字面上看不出來是什麼意思，所以感覺可能有點複雜，但其實講的是很簡單的事情，而黑格爾所說的辯證法云云，就只是這樣而已：

「我們原本一直覺得是『正確』的事，
有可能某一天又會被人以『這是錯的』而否定，
但是一般來說，就在大家對這件事感到煩惱不已的時候，
又會出現一個『更棒的正確想法』不是嗎？
所以，這個循環不斷重複下去，
人類就會不停得到更棒的想法唷——♪」

當我們實際回顧歷史，就會很清楚地看到，人類的社會系統確實就是按照辯證法的方式發展的（參考圖2-8）。

舉例來說，人類原本生活在小聚落裡，大家分工合作，過著簡單的生活（肯定的意見）。可是，有一天大家發現，這樣有可能會被其他聚落襲擊，所以晚上都睡不安穩，過得不舒服、綁手綁腳的（否定的意見）。這個時候，大家想出一個方法，那就是將大

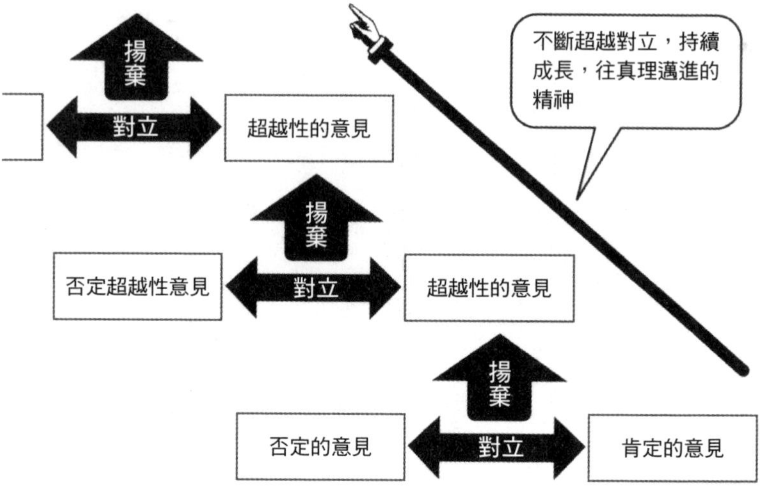

【圖2-8　辯證法】

家的力量託付給一人，讓這個人成為擁有強大力量的國王，再讓他來保護大家，形成「君主制國家」的社會系統（超越性的意見）。

君主制國家一開始還滿不錯的，但是過了不久，又發現有新的問題（超越性意見的否定意見）：「國王與皇族的生活太過奢侈，浪費了大家的財產，所以我們還是過得不舒服、綁手綁腳的。」既然這樣，那這次為了解決這個問題，於是就將國家重新定義為「為大家服務的機關」，於是民主國家誕生——權力不會集中在國王身上，大家歌頌自由與民主（超超越性的意見）……大概就是這樣的情況。

黑格爾主張，歷史之所以會有這樣的發展，並不是偶然的，是有一定的發展結構，按照合理的方式往「**更好的方向**」進展的（之所以會這樣的原因，是因為產生世界的「人類的心靈」就是「辯證法般的存在，會用合理的方式掌握事物，不斷用合理的方式加以改善」）。

只不過很可惜的，黑格爾的論點（史觀）在現代失去了說服力。我們現代人完全無法相信「歷史會隨著時間流逝，不斷往好的方向發展」這種樂觀的童話故事。事實上，在黑格爾的時代以後，發生了兩次世界大戰、種族屠殺、量產核子武器等等事端，這些事情會讓人覺得，世界別說是變好了，倒不如說是變糟了。現在又有宗教戰爭、區域紛爭，今後甚至還有可能變得更糟。

不過，至少在黑格爾的時代，黑格爾的史觀是非常具有說服力的。這是因為，那個時代正好發生了法國大革命（平民不滿國王奢侈無度，於是將國王送上了斷頭台），而當時人們正沉醉在這個事件中。

「哇！國王擁有權力，原本是一件理所當然的事，現在卻發生了這樣的事件！歷史是會運轉的耶！等我的小孩長大以後，也許就會活在一個沒有國王且自由平等的國家呢！」

大家因為這個事件而興高采烈，於是許多人都確實感覺到「歷史正往好的方向進展」。

除此之外，或許多少也是因為康德完善地分析了人類的認知，並提出了人類認知的極限，人們對此感到不滿的關係。無論如何，黑格爾的哲學既樂觀又充滿希望，當時的人們對此拍手叫好，而黑格爾就這樣一口氣躍為哲學界的巨星。

然而，黑格爾的樂觀哲學並非就此結束。在歷史上占有一席之地的哲學家，必定會將事物發展到一個「極端」，會導出自己所提出的哲學的盡頭——也就是「沒有任何情況可以再超出這個情況了」的一個終極境界。

原本黑格爾提出的哲學，是「人類（世界）會用辯證法的方式，不斷朝更棒的思想邁進」，不過，這個邁進的終點到底存在著什麼呢？如果將辯證法持續使用到極致以後，人類到底會到達什麼樣的地方呢？

黑格爾特地想像了這樣的終極狀態，並且這麼說：

「到那個時候，人類會發覺自己就是絕對精神。」

黑格爾這邊說的絕對精神，就是「獲得了絕對自由的一種精神」，講得更簡單一點，就是「一種萬能的存在」，也就是「神」。黑格爾竟然說出了「到了辯證法的盡頭時，人類會變成神」這種話！

也就是說，黑格爾的哲學架構，會變成這樣：

我＝世界＝神（絕對精神）

這也樂觀過頭了吧。事實上，後世對絕對精神的評價並不是很好。要是停在「精神（世界）會用辯證法的方式成長」這個地方，大家會高興得鼓掌，但他卻還繼續說「然後，最後會變成一個絕對的存在，實現完善的自由」，之後因此受到許多這樣的批判：「竟然提出了絕對精神這種無法證明的妄想，實在是一派胡言！」

的確，對於黑格爾說的絕對精神，有許多入門書會用批判的角度去看待，認為這是種幼稚的自大型妄想。

可是啊，可是，為什麼黑格爾要說出這種話呢？要明白這點，就要先想到黑格爾是理性主義時代的哲學家。而這個時代的哲學家，都在研究什麼哲學主題呢？他們所有人提問的，都是「人類認知的事物真的正確嗎？（「主觀掌握的事物」與「用理性思考導出的原理」，真的符合客觀世界的事物與原理嗎？）」這種知識論的問題，也就類似這個問題：「人類拿的相機真的能拍出正確的世界嗎？」（之所以要問這個問題，是因為只要這點還不確定，就不能保證學問的正確性，有可能最後會落入這樣的下場：「這些學問只不過是胡說八道，只不過是人類自以為是真的而已。」）

而黑格爾也一樣。他根本就不是因為自己喜歡，才說出絕對精神這種傻話的。他身為一位理性主義時代的哲學家，為了解決這個知識論的問題，才提出這樣的論點。

那麼，對於這個知識論的問題，黑格爾用絕對精神的論點，給出了怎樣的答案呢？其實，這個答案已經出現在剛剛的說明裡了。就是將康德的「物自體」畫上一個大叉叉。

黑格爾在他的重要作品《精神現象學》（*The Phenomenology of Spirit*）中，寫了這樣的話（由於原文很難懂，所以這邊用超譯的方式）：

「當我們要從事物中獲取某些知識時，
這份知識當然『對我們來說』是一個對象。
所以，當我們主張擁有事物的某些知識時，
其實並沒有說出事物的真實樣貌，只不過是在表示，
『這裡存在著一些我們的對象——關於事物真實樣貌的知識』。
也就是說，『實在』就在我們的心中。」

簡單來說，當人類說「桌上有蘋果喔」的時候，其實，可以說「確實存在於那裡的東西」，並不是「蘋果這個東西本身」，而是——

「那裡有蘋果這個東西」的知識（觀念）。

所以即使發生了這樣的事：「實際拿在手上後，發現其實是草莓而不是蘋果。」也不需要特地說：「其實在那裡的是草莓啦！」更正確的講法，應該是「我的內側產生了『其實是草莓而不是蘋果』的新知識」。

結果歸根究柢，一切都是人類內側所產生的知識，也就是精神現象（內心產生「存在著事物」這個想法的一種現象），所以從原理上來看，我們根本無法說精神現象的外側存在著事物。因為，就在我們說「不對，人類精神現象的外側，存在著事物，那些事物跟人類互不相干！」的時候，這就已經只是人類的內側所產生的一種想法了。

好了，這樣一來，黑格爾就已經全然否定了至今所有哲學家提出的世界架構。簡單來說，至今的世界觀是這樣的：

「我存在。而且在我之外，還存在著一個獨立的世界。」

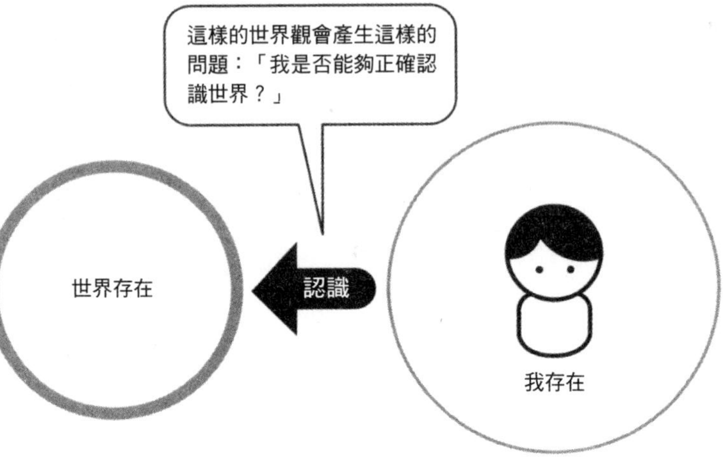

【圖2-9　至今的世界觀：世界與我】

這是個單純的世界觀，（參考圖2－9）這種世界觀每個人一開始都會想到，也許會覺得理所當然，不過，要是採用這種世界觀的話——

「我們能確實認識到這個世界嗎？」

就必定會出現這種知識論上的問題。事實上，從笛卡兒、康德開始，哲學家就一直在處理這個問題，長時間不斷思考「能夠認識、不能認識」，但是，黑格爾主張，其實想出這種世界觀本身就錯了，這是混亂的開始。如前所述，因為根本就不存在著獨立於人類之外的世界（和人類毫無關係、存在於人類外側的世界）。

對人類而言，「稱為世界的那個東西」、

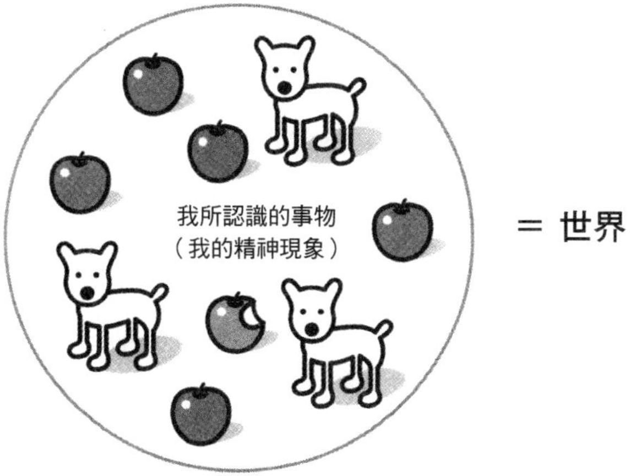

【圖2-10　黑格爾的世界觀：精神現象＝世界】

「深信是世界的那個東西」，其實全都是出現於人類內側的精神現象，所以，正確的圖解應該會像接下來的圖２－10。

依照這個圖解來看，就完全不會有「我能正確認識到世界的真實樣貌嗎？」這樣的問題，這是因為，「我所認識的事物就是世界」，「我的認識與世界」其實根本就是相同的。也就是說，原本所有哲學家拼命研究的「認知與世界是否一致」的問題，被黑格爾認為根本就是不需要想的、假的問題，他輕易地將這些問題消去了。

但是這樣一來，或許也有人會想這麼說：

「事物看起來存在、事物遵循原理進行運動等等，其實全都是發生在人類內側的事情、精神現象，這個主張背後的道理我懂了。可是就算這樣，東西要怎麼進行運動，人類根本就不能控制啊。這樣說起來，事物果然還是跟人類分開，個別存在的吧？這樣的話，怎麼想都是那個歷來的架構——人類觀察（認識）『分開且個別存在的事物』——比較恰當吧……」

不不不，對黑格爾來講，就連這份「存在著一些人類根本就不能控制的事物吧」的想法本身，都只是自己想的。這是因為，在黑格爾的世界裡，不存在「與人類對立（不能隨心所欲控制）的事物」。確實，在目前看來，或許的確存在著「人類不能控制的事物」、「無法預測的事物」、「無法理解的事物」，也就是「他人」。但是，這是因為人類的精神現在還不成熟的關係，這些令人費解的他人「只是看起來像是存在一樣」，其實並不是真的存在。

為什麼能夠斷定「不存在」呢？因為從歷史中我們可以明白，人類的精神具有「消解所有對立、一直持續成長」的辯證法性質。

所謂的辯證法，是指「獲得更高層次的認識（理解），消解事物的對立」，簡單來說就是「將那些對人類來說不好的、難以理解的事物，從世界上一個接一個消去的行為」，因此只要不斷反覆進行辯證法，最終就能到達「世界上完全不存在人類無法控制、理解的事物」的狀態。順帶一提，即使還留下了無法控制的事物，我們也能用更高層次的認識，來理解、接納這個「無法控制」的事物。其實這樣的情況，也等於是消解了對立。舉例來說，就是這樣的感覺：

「為什麼七不是二啊！為什麼不能把七變成二啦！哇——，根本就不能隨心所欲控制啊！」

「啊，原來如此，七就讓它當七就好了！根本沒什麼好煩惱的，解決了♪」

在「到達辯證法的盡頭時，一種終極的精神狀態」下，「事物」根本就不存在。這是因為，我們平時所說的「這是東西、那是蘋果」，其實就是「與人類對立的某種事物」，不過就只是對於「深信自己無法自由控制的這種精神現象」，取了「東西」、「蘋果」等等名字，並用這個方式來掌握而已。所以，在已經消解所有對立的那種精神狀態下，不可能存在著「事物」。

用「不存在與人類（主觀）對立的事物（客觀）」這個終極狀態的角度來看，就能體會到「世界的一切都是我（精神）自己」（當我們可以隨心所欲地活動手腳、徹底了解手腳的動作時，我們會覺得手腳就是我們自己的一部分。同樣的，如果能了解整個世界，我們也就會將世界視為我們自己的一部分了）。

如果說，「主觀與客觀分離（事物存在）」只不過是精神不成熟的、中途的狀態，而「主觀與客觀合一（事物不存在）」則是總有一天精神將到達的、真實的狀態的話，那麼，歷來的哲學家們一直探究的「知識論的問題（主觀與客觀是否一致）」，就等於是假的問題了。

順帶一提，黑格爾將上面講到的這些，用下面這句有名的話來表達：

「真理是整體。」

也就是說，在這個狀態下，主觀與客觀、人類與事物、我與你，全都沒有了。消解了所有的問題，克服了所有的對立，了解了所有的事物，「一切都很好！」「萬歲！」並且如此加以接納的那種狀態。黑格爾認為，只有一切都完全合而為一的這種終極狀態，才可以稱為「真理」。

對了，可能有人會覺得，黑格爾的這些哲學跟東方哲學非常像。這個感覺沒錯。甚至應該說，印度哲學的梵我合一、釋迦的佛教、老莊思想中的道，跟黑格爾哲學的根本

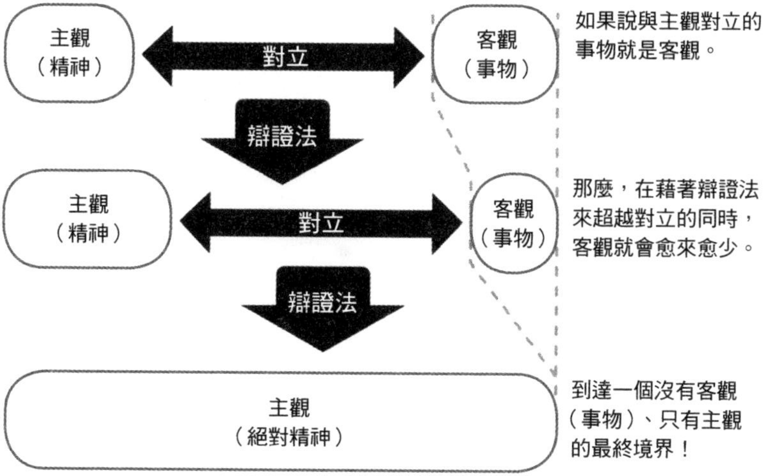
主觀
（精神）
對立
客觀
（事物）
如果說與主觀對立的事物就是客觀。
辯證法
主觀
（精神）
對立
客觀
（事物）
那麼，在藉著辯證法來超越對立的同時，客觀就會愈來愈少。
辯證法
主觀
（絕對精神）
到達一個沒有客觀（事物）、只有主觀的最終境界！

【圖2-11　主客體完全合一的終極狀態】

部分是完全一樣的。而實際上，如果向東方的哲學家——例如禪師——詢問知識論的問題，禪師就會這麼大喝一聲並用力打人：「別說廢話！（一開始主觀和客觀分離的前提就只是自己亂想的！）」就這樣了結這個問題。

好了，到了這邊應該可以明白，黑格爾是個多麼可怕的怪物、是多麼偉大的哲學家了。從笛卡兒以後，西方哲學家一直都是用「存在著一個我，而我在認識這個世界」的世界觀，進行縝密的研究，而黑格爾不由分說地，用鐵鎚擊碎了這個世界觀，並將與釋迦等等東方哲學家等同的世界觀，帶進了西方哲學裡，終結知識論的哲學。因此，人們才會尊稱他是「近代哲學的集大成者」。

貴志　「我懂了。人類用辯證法不斷打破對立，到了最後就會成為絕對精神。」

媽媽　「喔——厲害喔。對了，你講的這個動畫是幾點播的啊？」

第三章

哲學中的存在主義

齊克果

Søren Aabye Kierkegaard

由宗教所主導的時代結束，人們憑藉理性思考的能力，開始發展學問。在這個時候，人們產生的問題是：「人類認識到的、經過理性思考得出的事物，真的跟世界的真實樣貌一致嗎？」

對於這個問題，笛卡兒認為，因為神存在，所以「人類的認知與世界的真實樣貌一致」，而康德則認為，人類只能掌握到轉換為人類固有形式後的事物，所以「人類的認知與世界的真實樣貌不一致」。無論是哪一方的哲學，都是——

「存在著我。存在著世界。而我正在認識這個世界。」

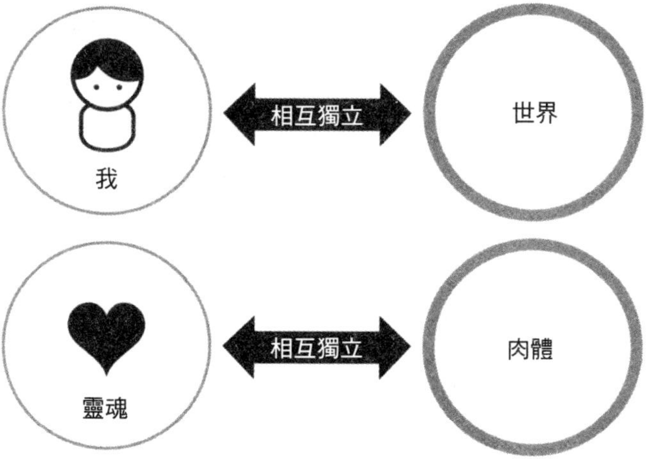

【圖 3-1　二元論的世界觀】

思考的基礎都是建立在「『我跟世界』的二元論世界觀」上（參考圖3－1），基本上，這種「二元論（事物是由兩個完全不同的要素所構成）」的思考方式，一直以來評價都不是太好。理由在於，一開始就定義有「橘子和蘋果」兩個完全不同的獨立存在，之後再來煩惱：「橘子和蘋果是獨立、分散的，彼此又是怎麼扯上關係的呢？」就像是陷入一場自導自演的自我矛盾中。

一個具代表性的例子，就是「靈魂與肉體」的二元論了。因為先定義靈魂是一種不同於肉體的東西，所以，要是靈魂可以掌控肉體（物質），就會產生矛盾，而要是靈魂不可以掌控肉體，那靈魂又是做什麼用的呢？——就會產生這樣的情況。事實上，笛卡兒用這樣的定義，寫了一本討論靈魂與肉體的書，但是當一個與他通信的女孩子問他：「那靈魂是怎麼讓肉體動起來的呢？」他卻束手無策。

而就在這時，出現了黑格爾這個怪物。他說的話大概是像這樣：「全部都是橘子！雖然看起來好像有蘋果，但其實全部都是橘子！」也就是：「全部都是我的精神現象！雖然看起來好像有事物，但其實全部都是我的精神現象！」他提出了一元論的世界觀（我的精神現象＝世界），將「二元（我與世界）要如何扯上關係」這個問題本身，用「當作根本沒這回事」這個大膽的招式，一口氣解決了當時的哲學課題。

黑格爾宣告了理性主義時代（拼命思考認知與理性是否正確的時代）的結束。（這也是很正常的吧。因為他消解了知識論的問題，最後甚至還說到這麼極端的份上：「只要人類不斷運用理性能力，總有一天就會消解所有對立，成為像神一般的絕對精神。」）

好了，關於某個時代、某個主題的哲學體系，已經發展到極限了。而下一個時代呢？下個世代的哲學，又會是怎樣的呢？

首先可以確定的是，就算去研究跟上個時代一樣的哲學主題，也不會有更多進展了。（也可以說成是「沒辦法再說出更『極端』的話了」）。所以，「下個時代的哲學」

必須是一個完全不同的主題。根本就搞錯方向了吧（笑）——而且這個主題還是會以這種方式，將上個時代的哲學破壞殆盡。

那麼下個時代的哲學——將上個時代所完成的偉大的理性主義哲學從根本上推翻的、新的哲學，是什麼呢？

那就是「**存在主義**」哲學，或稱「實存主義」。

存在主義是什麼

好了，所以在「理性主義」之後，接著要開始的就是「存在主義」，但是，「存在主義」到底是什麼意思呢？「存在」這個單字本身感覺就滿抽象的，不過說得更精確一點，就是「現實存在」。所以「存在主義」其實應該要叫做「現實存在主義」，用更簡單一點方法來講，就會是：

「好好重視『現實存在』的一種思考方式。」

那麼，所謂的現實存在為何——雖然很想要立刻來講這個，不過，現實存在本來有個反義詞，叫做「本質存在」，或許這兩個詞一起說明會比較好。這是因為，其實存在主義發展的背景是這樣的——

「上個時代的哲學都光是在思考『本質存在』，思考得太過頭了，現在起就不要再思考這個了，多去著眼剛剛好相反的『現實存在』吧。」

所以，要了解存在主義，就必須明白「本質存在」與「現實存在」的區別，以及各自有著什麼樣的關係。表3-1將「本質存在」與「現實存在」做了比較。首先，請看這張表左邊的「現實存在」。這邊描寫的是「蘋果A、蘋果B……等等一顆顆蘋果」、「石頭掉落、球掉落等個別掉落的現象」，總之是說，「可以在現實中看到、摸到的個別物體或事件」就是現實存在。如果要說得更簡單一點，也可以將文字用「**現實存在＝現實事物**」的方式來替換。

接下來請看右邊的「本質存在」。這邊描寫的是「一種紅色圓形的水果。產季為八至十一月」、「掉落的方程式」，總之是說，「由個別的物體與事件推導出，具有一般性

【表 3-1　現實存在 v.s. 本質存在】

現實存在	本質存在
	蘋果是一種紅色圓形的水果。 產季為八至十一月。 掉落的方程式 v=gt
現實的事物 （看得到、摸得到）	事物的本質 （看不到、摸不到）

的、普遍的性質或原理」就是本質存在。「本質存在」這個詞好像有點難懂，但其實可以直接用「本質」這個詞來替換。

好了，從這張表就能了解，看得到、摸得到，存在於現實中的是「現實存在」，與此相反的則是「本質存在」。但是，基本上我們都比較傾向於重視「本質存在」。

例如科學。也就是指「觀察個別的物理現象，並從中找出一般性的、普遍的性質或原理的一種行為」，而這個行為很明顯具有「從現實存在（個別的現象）前往本質存在」這種方向性。也就是說，科學是重視並追求「本質存在」的一種行為。除此之外，還有生物學、化學、數學等等，差不多所有的學問都可以說是「由個別的現象導出本質的一種行為＝重視本質存在的一種行為」。

嗯，雖然這樣的說法是很合理啦，不過這件事根本沒那麼複雜吧。學問當然是在追求事物的本質了。話說回來，要是不追求事物的本質，那還叫什麼學問啊？真要說起來的話，其實我們有著「想要掌握事物的本質」這種強烈的渴望，正因為有這樣的渴望，人類幾千年來才會一直不斷地進行學術發展。

但是啊……存在主義的主張卻違背了這份渴望，扯人後腿說：「**一味追求本質是不行的。**」這是為什麼呢？追求本質的行為怎麼想都很棒啊。存在主義到底想說什麼呢？

他們想說的是：

「追求事物的本質、鑽研學問，確實是人類很棒的行為。
但即使如此，也不能得意忘形，如果將這樣的做法套用在自己身上——
即『現實中存在於此時此地的人類（現實存在）』，就是不行的。」

喔！原來如此。既然這麼說，那現在就實際來將追求本質的做法，套用在「人類」身上試試看吧。

有門學問叫做人類學。請想像有一群偉大的學者，鉅細靡遺地研究人類的本質。而這門學問宣稱已經了解「人類的本質」了。而他們所研究出來的人類本質，假設是這樣：

「所謂的人類，是一種哺乳動物，具有語言能力，直立雙足步行。這種動物擁有利己的特性，為了自己的利益，可以毫不在乎地說謊，此外，具有差別待遇的特性，會組成團體欺負群體裡最弱小的那一個，凝聚群體的向心力。生殖方面，除了基因低劣的個體以外，一般會在二十歲前半進行生殖，到了二十歲後半時，會生下一至三個小孩。」

好啦，這樣如何？的確，就某個方面來說，或許可以說是掌握到了本質。但是，如果斷定這就是「人類的本質」，恐怕很少人會同意。正確來講，其實內容就算不是如前所述，不管是怎樣的內容（例如像是極力讚揚人類的、很正面的內容，或是可以符合大部分人類的、很貼切的內容），人們也還是不會同意人類的本質可以用簡單的幾句話描述吧。因為大家可以很簡單地就反駁：「不對啊，也有人不是這樣啊。」

但是仔細想想，如果講得是蘋果的話，我們就不會一直反駁。「所謂的蘋果，是一種紅色圓形的水果。」對於這種描述方式，就不會有人去吐槽：「也有那種不圓的蘋果啊！」

這是為什麼呢？蘋果跟人類到底差在哪呢？

差別在於，人類擁有「**自由意志**（一種主體的意志，可以自己決定自己的人生）」，或者說，我們一般都相信人類擁有自由意志。舉個例子，假設人類學的偉大教授說：「人類都是騙子，人類擁有這種本質。」而且實際上，現在全部的人類也真的都是如此。但是，我們可以對這個本質，發表這樣的違抗宣言：

「不對，我不是這樣！只有我不是這樣！我從現在開始絕對不會再騙人了！」

我們可以像這樣，**用自己的意志來做決定**，可以徹底改變「人類都是騙子」的本質。

「雖然人家說人類這種動物會欺負別人，但是我就絕對不會欺負人！我一定會保護你！」

「不管世界上的人說你是壞蛋，或是說你的主張不合理、是錯的，我都會站在你這邊！我一定會保護你！」

只要人類可以做出這樣的決定，「人類的本質」就無法套用在人類身上。這是因為，無論說「人類的本質是A」或「B」，人們都可以說：「**但是我不一樣！我要違抗這個說法！**」

這點是蘋果及其他動物無法辦到的，是只有人類才有的特質。就算有人說「蘋果就是這樣的一種東西」，將蘋果的性質或特有的功能套用在蘋果上，蘋果也沒辦法「反抗」，但是人類卻可以。也就是說，人類這種生物，擁有一種「可能性」，可以依照自己的意志，做出不同的選擇。

然而，那些一味追求本質的傢伙，那群光是在書桌前搬弄道理（理性）的面黃肌瘦的學者，根本就不去注意這份「可能性」。人類本來就是一種「絲毫無法論究其本質的一種特殊的現實存在」。結果那些人卻自以為了不起，斷定「人類就是這樣的一種東西」。

存在主義就是想反對這件事，而存在主義的宗旨就是「**不能一味地著眼於本質喔**」，好了，明白了這點之後，我們再來回顧上個時代的哲學吧。

舉康德的例子。他的哲學內容是關於人類認知的極限，以及人類有辦法想什麼、沒辦法想什麼，很明顯是屬於「重視本質存在」的思考方式。理由在於，他的內容完全不著眼於每個人的差異，而是用「人類只有這種認知能力、只有這種思考能力」的方式，將我們所有人總括起來。

而黑格爾作為上個時代哲學的集大成者，更是嚴重。他的哲學主張「人類具有辯證法的特性，不論是誰，活在世上都是朝著絕對精神（消解所有對立的一種終極精神）的方向前進」，這份主張完全斷定了「人類活著的意義與目的（人類的本質）」。

當然，就像前面所講的那樣，我們其實沒辦法進行這樣的斷言。因為我們擁有意志，足以違抗這些斷言。

「不要隨便決定我人生的意義和目的啦！你以為你是誰啊！我才不會變成什麼絕對精神，也絕對不會管什麼辯證法咧！」

結果，不管是康德還是黑格爾，理性主義的哲學家全都把人當成量產相機一樣，去調查其中的功能，一直用這樣的態度來分析人類的能力（認知、思考）。因此，他們忘了這件最重要的事：

「每一名人類，都擁有著『可能性』，

可以藉由自己的意志，改變自己的生活方式，

人類無法僅僅被還原成『人類就是哪樣哪樣的』這種『一般化的語句（即本質）』，人類是一種特別的現實存在。」

理性主義的哲學家發展出了無機的、冰冷的學問。接下來即將出現一個更可怕的怪物，他會針對這方面的缺失，將上個時代大家拼命研究的「理性主義哲學」，輕易地當作垃圾全部丟掉。他就是丹麥的哲學家——齊克果。

負面人的絕望之情

首先來介紹齊克果這個人。如果要用一句話來形容他的人格，那就是「負面」了。現在請回想一下，上個時代的哲學霸主黑格爾，是個正面的人。而將黑格爾的哲學推翻的齊克果，是個負面的人，讓人覺得這之間有著某種必然性，可以說是相當饒富興味。

那麼，齊克果到底有多負面呢？可以用來當作範例的事蹟不勝枚舉。舉個例子，他一直堅信自己會早死。齊克果的父親年輕的時候，曾經因為生活太過窮困而詛咒過神，他相信神因此對自己降下了天譴，讓自己的小孩都早死，而齊克果也相信這點（事實上，他們家七個小孩裡，除了長男以外，所有人都死得很早。對了，長男則有精神方面的疾病，順帶一提，齊克果有很多親戚都是自殺而死）。被神詛咒的家族，這就是齊克果的家世背景。

再來，齊克果突然取消婚約的事情，也很能表現出他的負面性格（或者說扭曲的人格）。

對方是比齊克果小十歲的一位惹人憐愛的美少女，名叫維珍妮（Regine Olsen），齊克果對十四歲的維珍妮一見鍾情，他送她書，在她面前突然朗讀起書中的內容，還自顧自地開始講解起來，齊克果用他自己的方式不斷努力，終於成功獲得了維珍妮的芳心。三年之後，他們立下了婚約。

好啦，到目前為止非常的幸福。好歹要跟心儀的美少女結婚了，堪稱人生勝利組。還真是僥倖，極大的僥倖。

然而，儘管如此，齊克果竟然單方面取消了這門婚事。

當然，並不是因為齊克果討厭維珍妮了。這根本不可能吧。齊克果在跟維珍妮分開後，還是一直在日記裡寫詩，歌頌維珍妮有多麼美好，在維珍妮成為別人的妻子後，他仍然對她念念不忘，不斷寫信給她（話雖如此，就算他寄信過去，通常也會被維珍妮的丈夫退回去，維珍妮根本就不會收到）。也就是說，他在取消婚約後，依然始終思念著維珍妮。

既然這麼喜歡她，那跟她結婚不就好了，幹嘛還要取消婚約啊——實在很想這麼說，不過這個人可是負面的齊克果，想必有他的打算吧（補充一下，他取消婚約的原因，至今仍然不明）。

而這個負面之人齊克果，很討厭樂天派黑格爾的哲學，還寫了哲學書徹底批判黑格爾，不過，具體而言到底是討厭黑格爾哲學的哪個部分呢？

如前所述，黑格爾建立了一個宏大的哲學體系，挖掘出「人類的精神現象擁有的性質」釐清全體人類共同的部分，亦即人類的本質。而齊克果認為人類並不能這樣總括起來一起講。甚至應該說，這種做法還滿自以為是的吧？這就好比，一個整天關在研究室的面色蒼白的學者，用一副很了不起的態度說：「所謂的人類，就是……」這樣的感覺。對齊克果而言，黑格爾忽視了「活在現實中的人類（看得到、摸得到的現實之物）」，只是在「一般化、抽象化的人類（看不到、摸不到的非現實之物）」上面鉅細靡遺地搬弄道理，完全就只是紙上談兵而已。

齊克果就是因為這樣而討厭黑格爾哲學，而從這邊也可以看出「認為現實的事物可以用道理來說明，是一種傲慢的、自以為是的想法」這種存在主義特有的思考方式。

對了，齊克果之所以會有這樣的想法，有可能是出於對父親的反抗心理。

齊克果的父親在五十六歲的時候生下他，也就是所謂的老來得子，過了不久他的父親就退休，不再工作了，整天待在家裡，對年幼的齊克果進行英才教育。

當然，這都是出於對子女的期盼，希望能將齊克果教育成一個優秀的人，但實際上卻脫離了常軌，日後齊克果談起這時的教育，描述為「瘋狂、不正常，把年幼的我壓爛了」。舉例來說，他的父親要求年幼的齊克果要有嚴密的邏輯性，不許他講除此以外的話。這個不滿七歲的幼童要是說了什麼，父親就會立刻強迫他用合乎邏輯的方式徹底推敲一遍，再搭配合乎邏輯的佐證，好好地從頭講一遍。

而且，齊克果的父親不讓他到外面玩，總是讓他在房間裡進行虛擬的旅遊。首先他的父親會詳細說明許多地區的地名和觀光勝地，齊克果必須仔細聆聽，之後再將這些一次都沒去過的地區的事情，用周密的描述方式，對父親講他「旅遊的心得」，講得簡直像他去過了一樣。

從他這樣的孩提時代來看，他會憎恨那種為了將他培養成一個擁有知性、講話條理清楚、合乎邏輯的優秀之人，於是討厭「搬弄道理去談論那些連看都沒看過的東西，並用一副很了不起的態度，將這樣的道理強加在自己身上的大人」，也不是什麼不可思議的事了吧。齊克果或許就是因為這樣的原因，而對黑格爾哲學（理性主義哲學）懷有厭惡感的。

除此之外，齊克果也對黑格爾的辯證法抱有強烈的懷疑。黑格爾哲學的思考方式很樂觀，認為人類就算產生了某些否定的情感、情況，也會藉由辯證法的結構，總有一天到達「解決了！」的狀態，不過對齊克果來說，這種思考方式為免也太脫離現實了。因為你想想看，世界上許多人對於這種否定的情感、情況，「還沒能解決就死了」嘛。現在活著的時候，懷著無法解決的痛苦與煩惱，並在懷著煩惱的狀態下死去。這才是現實中人類的情況啊。

總而言之，我們只能在有限的時間中，進行有限的選擇，只不過是一種悲慘的存在罷了。只要我們這樣子被拋在這個世界上，就絕對不可能像黑格爾所說的那樣可以將「這件事情跟那件事情」全部都解決。若要說可以做到什麼事情，那也就只有有限地選擇「這件事情或那件事情」——也就是「做個決定」——而已了。

儘管如此，黑格爾卻沒有注意到這麼簡單的事實，竟然還大言不慚地說：「沒問題，你的煩惱總有一天就會解決的，人類有著什麼問題都解決得了的能力。而且總有一天還會將全部的問題都解決，成為絕對精神喔。」

「不對，才不是這樣咧！人類在這之前就先死了嘛！話說回來，總有一天到底是哪天啊？！這跟我們個人根本一點關係也沒有啊！不要說什麼絕對精神這種像做夢一樣的話，腳踏實地好好想想啦！」

也就是說，對齊克果來說，黑格爾「光只會說些感覺好像合乎邏輯的事，只不過是個詐騙人士而已」，但不巧的是，當時他所居住的丹麥，非常流行黑格爾哲學，身邊的朋友全都在稱頌黑格爾的哲學。

當然，這種情況讓齊克果不怎麼高興。不，何只如此，甚至就可以說是難以忍受。你稍微想像一下，眼前有一個詐騙人士，那傢伙說的話明顯是錯的，但整個城鎮的人卻都稱頌他，只有自己一個人看清他的真面目。只要不當明眼人，裝做一副沒看到的樣子，就可以在不去理會的狀況下繼續過自己的生活。

那又該怎麼辦才好呢？對齊克果而言，這個問題的答案只有一個——即使會與身邊的所有人為敵，也要想辦法改善眼前的情況，為此進行一場「戰鬥」。

順帶一提，齊克果之所以會取消跟維珍妮的婚約，有一個說法是「因為他要將自己的一生獻給哲學」。

的確，如果想要打倒黑格爾這個光靠樂觀的天性，就虜獲了全世界的怪物，根本就不該結婚。要是結婚了，一定會因為太愛維珍妮，而減少了研究哲學的時間。要是反過來花時間在哲學上，就沒辦法留時間給維珍妮，可能會因此而讓維珍妮不幸福。

還有就是他小時候的記憶。和父親一起度過的那段被邏輯、道理塞滿的日子，每天被強迫要將明明沒看過的東西，講得彷彿看過一樣。或許是這樣的記憶在他耳邊傾訴。對他說，「絕對不能放過那些只用邏輯、道理來談論人類的哲學」，「一定要痛擊這些哲學」。

或許是因為這樣，所以齊克果才無論如何都必須要跟最愛的人分開。

於是，齊克果將哲學視為人生志業，一輩子寫了許多書，但是很遺憾的，這些書的評價都不怎麼好。話雖如此，也不是到乏人問津的程度，大概就是普普通通的評價。只是，他為了哲學，甚至不惜與最愛的人分開，用這個角度來想，這樣的結果似乎一點都不值得。

不只這樣，齊克果竟然還寫了一些東西，挑釁一家八卦雜誌。當然這家八卦雜誌不可能悶不吭聲，他們寫了齊克果的負面消息來報復他，甚至爆出他取消婚約等等私事，用既有趣又可笑的論述方式大篇幅報導，最後使得齊克果淪為路人的笑柄（對城裡的人們來說，齊克果這個人不工作、花光父母留下的錢，一直寫些賣不出去的書，只是個自費出版的作家，根本沒有任何理由擁護這樣的人）。

但是即使如此，齊克果還是持續寫書。就算被人嘲弄，就算很孤獨，他也還是不斷鑽研哲學，長期持續寫他那些賣不出去的書。就在這時誕生了他那本有名的歷史性名著《致死的疾病》（*The Sickness unto Death*）。

從語意來看，直覺上會將《致死的疾病》解讀成「會讓人死掉的疾病＝致命的疾病」，不過這個意思其實是「會一直持續到死掉的疾病＝持續至死的疾病」。

而這個「持續至死的疾病」到底是什麼呢？齊克果說，就是「**絕望**」。簡單來說，齊克果探索了自己的內心世界，結果發現裡面有種名為「絕望」的疾病。

那麼，為什麼齊克果要說這個呢？說直接一點，這只不過是負面的齊克果在自己的內心裡發現有「絕望」而已，跟一般人一點關係都沒有嘛。

不，沒有這回事。只要稍微聽聽齊克果怎麼說，或許你就會發現你的心裡也有「絕望」。以下是他關於「絕望」的說法：

「想要脫離自己。這是所有絕望共同的形式。」

現在實際來試試看。靜靜窺視自己的內心，十分仔細地探索看看。這麼一來，會不會發現冒出一種如下所述的煩悶心情。

「我想要變成這樣的自己。我想要變成那樣的自己。啊……要是我能夠是自己想要的樣子就好了。」

當然，平常不會去想這些的吧。說起來，其實我們都是在意識有點模糊的情況下，沒有自覺地活著，過著無聊的日常生活，簡直就像自動人偶一樣。但是，如果試著好好清醒過來，真正面對自己的內心，你應該也能感受到那種紛擾的不滿情緒，這種不滿就如同齊克果所說的：

「我不能像現在這個樣子，
我應該要做些什麼才行。
我和現在的自己不一樣，
我必須變成某個人的樣子。」

而只要內心存在著這股紛紛擾擾，諸如「否定現在的自己，想要從中脫離出去，並且變成一個值得追尋的、新的自己的這個願望」、「自我逃避的心願」……等等，我們就絕對沒辦法獲得幸福。這是因為，這些願望是不會實現的。

你看嘛，這些願望要怎樣才能實現呢？我們根本沒辦法變成那個值得追尋的自己，也就是理想的自己。

舉例來說，假設你抱著「想要成為一個好人（正義的人）」的願望，而這個願望真的能夠實現嗎？不行，根本就不可能的吧。你不管做什麼，都絕對無法達到完美無缺的善（無限正確的、理想中的正義）。

基本上「理想」這種東西是無止境的。理想的善、理想的美……這些全都屬於「無限」，是「沒有盡頭的」，正因如此，所以這些東西根本無法得到。理由在於，我們是活在一個「有限」的世界中。

如果聽不太懂這番話，那這邊就舉個「畫出理想的圓」的例子，或許就會比較好理解。

假設有個人想要畫出「理想的圓」。原因是因為，他到現在為止畫出的圓都歪歪的，他覺得很不滿意。於是他就努力想辦法畫出理想的圓，但是這個願望當然不可能會實現。不管他再怎麼畫圓，幾萬次、幾億次，這個圓都絕對不會是數學上嚴謹的「理想的圓」（不管怎麼努力，現實中的圓都一定有些歪歪的）。也就是說，雖然我們畫得出圓，但是絕對畫不出「理想的圓」，必定會嘗到失敗的滋味。

好了，這個「理想的圓」的比喻，也可以適用於「理想的善」、「理想的社會」、「理想的自己」，適用於任何方面。總而言之，在說出「理想的○○」的瞬間，這種東西就注定不會存在於現實中，在說出「我想要理想的○○」的瞬間，就等於是在說想要一種不可能的東西。

好啦，如果這時有個人領悟到，不管他有什麼願望，都絕對不可能實現，那麼，這個人會怎麼樣呢？他當然就會這樣子大喊：

「絕望啊！絕望了啊！」

以上就是齊克果所說的絕望，也就是所有人類都會罹患的「持續至死的疾病」，你同意嗎？可能有人會覺得其中有些地方怪怪的。不，倒不如說，齊克果的主張未免也太「極端」了吧。的確，能夠對自己感到滿意的人並不多，所以或許很多人「想要變成一個比現在更好的自己」，話雖如此，但是說人類全體都以「理想（無限的事物）」為目標，並且遭遇失敗而感到絕望，這麼說感覺還是太誇張了。世界上還是有相當滿意自己的人啊。再說了，存在主義不是反對像這樣將人類一語概括嗎？

這種斷言人類內心的說法，受到了許多人批評。此外，「小孩天真無邪，玩得很開心，他們就不會絕望啊？」對於這個非常正經的提問，齊克果竟然胡言亂語，一口斷定：「不對，天真無邪的小孩也很絕望！雖然本人沒有發現到，但其實很絕望！」這點實在太適合吐槽了吧。

但是，請先不要吐槽這點。

這可是一名男子賭上自己的一生，深入思考自己的內心所發現的哲學。不應該為了批評這種小細節，而忽略了他的哲學主張，最重要的是要充分理解他這份主張的核心部分。

齊克果的主張確實不合理，甚至可以說是目中無人。但是反過來說，這也不是搬弄道理所得出的結論，而是深入觀察自己之後得到的結論。有誰能說這沒有半點價值與正確性可言？不，甚至應該說，齊克果的哲學是從「我（自己）」這個存在於現實中的人，在現實中感覺到的事情為出發點，而他的這份哲學或許更接近事實。（所以，剛剛你在窺視自己內心的時候，如果完全找不到齊克果說的「絕望」，反而找到完全不同的東西，你就應該賭上自己的一生，再向全世界公布你的研究成果！）

而且，暫且不管他這番話的根據和表達方式，如果好好聆聽齊克果的哲學，應該就會覺得出乎意料地單純，且讓人覺得很有道理。

比方來說，我們總有一天一定會死。這是確定的事情，是無論如何也無法改變的事實，但是我們平常不會去意識「自己將會死」這件明確的事實。因為在忙碌的日常生活中，我們麻痺了自己的思考。

假設這個時候，出了某種差錯（像是神在進行設定時出錯了），人類的頭上開始出現了「壽命倒數計時器」，也就是說，我們能清楚地看見「死亡倒數」，上面的數字每一分每一秒都在減少。如果我們置身於這種情況下，一定就無法忘記「自己將會死」、「人生總會結束」了吧。

好了，假設現在你被拋在這個世界，這個不得不清楚地意識到自己將死的世界，你會如何活下去呢？

時間一分一秒地減少。就在自己拼命提升幾年後就會置之不理的電玩角色的等級時，就在和交情普普通通的朋友，一起把無關緊要的他人的失敗當作笑柄時，這個倒數數字都一直不斷減少。九、八、七、六……

在這種狀況下，你會不會對浪費時間在這些事情上的自己，感到焦躁不安呢？會不會希望在這個倒數結束之前，至少能得到活著的某些意義，或者是得到「某些東西（真理），讓自己覺得能活著真是太好了，已經死而無憾了」呢？會不會大喊「我到底是為了什麼而誕生的？我活著要做什麼？我絕對不要不清不楚地就結束啊啊啊啊」呢？

假設你去尋找了這邊所說的某些東西，為人生帶來意義的某些東西，給予自己成就感的某些東西。但是，殘酷的是，這份願望是不可能實現的，因為這個世界上所有的東西都有結束的一天，都是有限之物，連同自己在內。

不管怎樣的愛情、不管怎樣的友情、不管怎樣的快樂，都無法成為永遠。「好幸福喔！」有時候會有這種感覺吧？可是，沒過多久，這份感覺馬上就會褪色、模糊，就此流逝。

或許有人會覺得，那至少當個善良的人、高尚的人，也就是那種所謂講求倫理道德的人，活得端正，臨終時就可以挺著胸膛，得意地死去。不過，這也是不可能的。即使去追求倫理上的善，這個善也沒有一個盡頭，而這份願望也還是一份無法實現的願望。

這樣一直想下去，最後就會發現，我們不得不絕望。對這個只存在有限之物的世界感到絕望；對只能達到有限程度的自己感到絕望。

「絕望」的解方

那麼，應該怎麼辦才好呢？當我們清楚意識到自己有限的生命後，就會想要找到人生的目標，能死得安詳，但這份願望卻一個也無法實現，對此感到絕望的我們，到底該怎麼活下去呢？

事實上，齊克果告訴我們有個特效藥，可以對抗這份絕望。下面是齊克果有名的一段話。

「當有人昏倒的時候，
我們會大喊快點拿水或興奮劑過來。
但是，如果有人絕望了，
這時候我們就得大喊『可能性！快點把可能性拿來！』。
唯有可能性能夠拯救他。」

「可能性」就是克服絕望的唯一方法。這個點子也算恰當吧。就算陷入四面楚歌的處境，窮途末路了，「搞不好還有個後路可以退，還有辦法得救。」只要像這樣相信還有可能性，就能逃離這份絕望。這是極為理所當然的。

但是，齊克果在這之後，又繼續想出更「極端」的事情。他想，如果說可能性可以將我們從絕望的深淵拯救出來，那麼最大的可能性、終極的可能性到底是什麼呢？

齊克果認為「終極的可能性」就是「神」。

神，是一個崇高的存在，超越人類智慧所及。因此，人類用理性得出的合理結論，神可以輕易地就加以推翻。神絲毫不受合理性所束縛。對人類來說，神是一種不合理的存在。

但是，正因如此，神才有辦法除掉人類的絕望，並給予人類「希望」的能力。正因為神是不合理的存在，所以我們才能夠雙膝跪地、雙手合掌，向祂祈禱。

「神啊，請幫幫我吧！」

也就是說，齊克果深入探究了人類的內心後，結果發現了如下的結構：

注視自己的內心

↓

發現絕望

↓

要克服絕望，就必須相信「可能性」

↓

對「神（終極的可能性）」的信仰

人類為什麼會有宗教？不，應該說為什麼必須要有宗教？答案就在這裡。現代人對宗教感到懷疑，其中應該有很多人會這麼想：

「就算去信教，神也不可能真的救我們。而且就因為有宗教，所以才會一直有戰爭。還是沒有宗教會比較好吧？」

不行。這樣一來就無法克服我們所懷有的矛盾，亦即——

「浮現在腦海中的都是『圓』、『三角形』、『善』等等『無限的事物』，儘管如此，現實中卻只有『歪歪的圓』、『有缺陷的三角形』、『不完美的善』等等『有限的事物』的這種矛盾。」

若要在這個蘊含矛盾的世界中，帶著希望積極地活下去，就必定需要一顆虔誠的心（對於超越自己理性的存在，抱著一份敬畏的心情）。正因為這樣，所以宗教自古以來才會不斷產生，並延續至今。

那麼，如果說這就是宗教的存在意義，那現在的宗教又要怎說呢？大部分都已經成為一種傳統文化，徒具形式上的儀式不是嗎？

我們基本上不信神（何只如此，甚至連神到底是什麼，都不曾深入思考過），卻還是去教會、寺廟，並進行規定的宗教儀式。當然，也根本不明白這些儀式有什麼樣的意義。但是如果什麼都不做就會很尷尬，所以就自然依照習俗去做了。宗教在現代許多人的心目中，應該就只是這樣的地位吧。

而齊克果的時代也是如此。當時的人們也只是在規定的日子去教會、聽聽固定形式的講道，進行固定形式的禱告而已。他們之所以會這麼做，只是被教導說從以前就是這樣子，而且要是不這麼做，感覺就好像反宗教一樣，感覺不太安心……

不過實際上，一個人如果只是腦袋空空的，在形式上反覆進行儀式，這樣的人真的能說是一個有宗教信仰的人嗎？

不能吧。真的有宗教信仰的人，必須打從心裡盼望神的存在。而為了要做到這點，每個人就必須仔細注視自己的內心，了解自己的極限（有限），感受到那份絕望。要是沒有做到這種程度，光只是反覆照形式進行宗教儀式，甚至可說是種反宗教的行為。因為把宗教原本的意義遺忘了，**將人生毫無意義地浪費掉，這是一種惡行**。

因此齊克果才無法容忍「做出強迫人遵守形式，還將遵守形式的人視為虔誠信徒的教會組織」。齊克果晚年時曾問宗教組織，宗教應該要是什麼樣子，徹底挑釁對方。

當然，齊克果只靠他自己一個人，沒有任何後盾（他只不過是個乏人問津的作家，不像黑格爾是位哲學教授）。這樣的一個人，突然向全世界的基督教教會挑釁，當然不可能隨便平息了事。身邊的人們都十分憤怒，這次的狀況，跟之前與八卦雜誌爭吵時相比，完全不可同日而語，齊克果被逼到絕境。

或許是這種爭鬥的日子，讓齊克果身心俱疲，有一天他突然就倒在路旁，住進了醫院，在一個月後過世，踏上歸途。

葬禮上的奇蹟

齊克果活著的時候，一件好事都沒有發生過。和最愛的人分開，儘管為哲學賭上自己的一生，在哲學上卻得不到什麼名聲，他的人生絲毫稱不上稱心如意。

在去世前的那一個月，當他回顧自己的人生時，心中有什麼想法呢？他在臨死前所想的，果然還是維珍妮。

齊克果不惜取消與她的婚約，卻仍然一事無成，悲慘至極。他寫了遺書，要將自己所有的財產都贈給早已為人妻子的維珍妮。

維珍妮當然拒絕了，這是理所當然的。接受一個拋棄自己的男人的財產，好歹是件很不體面的事。以一般的角度來說，她根本就不可能收下這筆財產。

結果，齊克果留在這世上的東西，在他死亡後也跟著全部消失了——照理來說本該如此的。

但是，奇蹟發生了。在齊克果的葬禮上，發生了出乎意料的情況。

齊克果沒有配偶，也沒有子嗣。原本這應該會是場規規矩矩的葬禮，但卻不知為何，周圍傳來了異常的吵雜聲。一大群看了齊克果著作的年輕人，竟然蜂擁而來。人數多到連教會都容納不下，在教會外面築起了一道人牆。

在齊克果即將埋葬時，又引起了一陣騷動。

齊克果是個虔誠的基督教徒，於是教會要用形式化的儀式將他埋葬，對此出現了抗議的聲浪。

齊克果活著的時候十分孤獨。單身的落魄作家身分，讓人們在他背後指指點點。但是齊克果想要訴說的話，確實傳給了下個世代的年輕人。

這些年輕人衝了進來，爭先恐後地觸碰齊克果的棺木。這個瞬間，彷彿是在宣告歷史已經從理性主義的時代，轉變為存在主義的時代；從一個藉由理性的力量來了解人類的時代，轉變為藉由每個人面對自己內心來了解人類的時代。

之後，維珍妮聽聞了齊克果去世的消息、遺書的內容，以及教會發生的騷動，她就像前面所述，沒有收下任何金錢上的遺產。不過，她繼承了齊克果的遺稿，並親手加以整理，而這些遺稿成為很有歷史價值的資料，流傳後世。對於賭上整個人生、以作家為志的齊克果來說，大概沒有什麼比這更幸福的事了。

然而，維珍妮的心情又是如何呢？齊克果曾經無故取消跟她的婚約，使得維珍妮心如刀割，甚至還企圖自殺。最後她到底原諒齊克果了嗎？這點恐怕無從得知。

但是，她所繼承的那些遺稿裡，其實還包含了齊克果原本想交給維珍妮，卻無法送到她手中的信，以及許多寫有他對維珍妮最真實心情的信。搞不好維珍妮看了這些信以後，就能理解齊克果的想法，並原諒他的罪過。

當然，這都只是美好的想像。

那名負面又笨拙的男子，與那名曾經愛過他的女子，最後已得到了救贖，並且消除了絕望——我祈求這份可能性。

貴志「說起來，人類這種生物，根本就不能用道理來論述啦。」

媽媽「喔，存在主義嗎？貴志一直都不結婚，也是在學齊克果的對吧。」

沙特

Jean-Paul Charles Aymard Sartre

人類，是一種不可思議的生物，沒辦法用理性思考得出「所謂的人類就是如此這般的東西」的論述，來道出其本質。這是因為，人類擁有「自由意志」，可以自己決定自己的生活方式（存在方式）。而這種特殊的存在，就稱為「現實存在」，簡稱「實存」。

以「實存」為中心來進行思考的，就是「存在主義」，而繼承了存在主義，並將之集大成的是法國哲學家——沙特。首先就從沙特最有名的格言開始介紹吧。

「存在先於本質。」

這句話乍看之下，實在不懂是什麼意思，不過在看過齊克果的主張之後，應該就不會那麼難懂了。其實就跟齊克果談的一樣。把存在這個詞用「人類」來代換，就會很清楚。

「人類先於本質。」

再慢慢轉換這個句子。

「人類先於本質。」

←

「人類比本質還先存在。」

←

「人類在擁有『所謂的人類就是這樣的東西』的本質之前，就已經存在了，是種不可思議的存在。」

這樣如何呢？簡單來說，就跟齊克果的想法類似。你應該可以明白，這句話就只是把「存在主義」的思考方式，用簡潔的語句講出來而已。

對了，沙特將這句話用「拆信刀」的例子來說明。

請看這邊的拆信刀。這把拆信刀之所以存在，很明顯帶有某些「目的」或「意義」。你實際拿在手上就能明白了。嘿，如何呢？這份恰到好處的手感，還有裁紙時恰到好處的觸感。這些就是確切的證據，證明有人為了讓拆信刀用起來很好用，於是帶著「目的」而做出了拆信刀。這樣也就表示，拆信刀先被賦予了「拆信刀就是如此的東西（用來裁紙的東西）」這樣的本質（目的、意義），之後才被賦予存在。這樣的情況可以表示為「本質先於拆信刀」（本質在前，拆信刀在後）。

好了，那現在再來想想「人類」吧。人類是否也可以類比拆信刀本質的說法呢？是先有人決定了「人類就是如此這般的東西」這樣的本質，之後再製作出人類的嗎？

不是這樣的吧。人類的誕生應該不帶有本質（目的或意義）才對。人類可以憑藉著自己的意志，自由擁有「我想要自己是這個樣子！」以及「我想要帶著這個目的活著！」之類的期望，不是嗎？既然如此，我們可以說是「人類（存在）先於本質」（人類在前，本質在後）。

好啦，大概就是這樣的感覺，應該看懂了吧。

但是仔細想想，會不會感覺有點幼稚呢？因為說來說去，其實也只是在說這個而已：「人類擁有意志，跟物體不一樣，所以自己可以決定自己的人生喔！人類真棒耶！」。沒錯，這句沙特有名的格言，如果只聽結論的話，感覺出乎意料，不過就只是在講理所當然的事情。

不過，這樣其實只了解這句格言的一半。事實上「存在先於本質」還有更深一層的意思。接下來，我們就來接觸一下這個深淵吧。

《嘔吐》的原形

基本上，說到哲學上的「存在」，人們常常會想成是「**擁有主體的意志、無法道出本質的特別存在＝人類**」。

可是，實存本來是「現實存在」的簡稱。簡單來說，原本實存這個詞，是指「看得到、摸得到的現實之物」。

而沙特之所以會比同時代的其他存在主義哲學家還要偉大（極端），就是在於他直接用字面上所帶有的意思來掌握「實存」這個詞。也就是說，他認為存在主義的思考方式，可以適用在所有「看得到、摸得到的現實之物（現實存在）」，提出了這種前所未有的新哲學（世界觀）。說到沙特，大家往往想到的，是個歌頌人類意志的人文主義者，但這只不過是一般人對他的印象，而他在哲學上的真本領則在這裡。

好了，這樣一來，沙特的格言就必須換成這個方式敘述。

「石頭、蘋果、房子、桌子，以及所有現實中存在的物體（實存），都存在於本質之前。」

總而言之，不只是「人類」。「所有的存在（現實存在）」都在沒有本質的狀態下就存在了。

當然，這不符合我們的直覺。因為，就像剛剛以拆信刀為例，我們眼中所見的物體，似乎全都帶著某種本質，亦即「目的」或「意義」。

但是請仔細想想。這些「目的」或「意義」，是否只是看的人「擅自斷定」的呢？實際上，拆信刀對某個人來說是「拆信刀」，但對別的人來說，有可能是「殺人凶器」。也就是說，「拆信刀」這個本質，並不是一開始就包含在物體中的，而是看的人任意貼上如同「**標籤一樣的東西**」。

那麼，要是這樣的話，由於這個標籤（自以為是的想法）是人類擅自貼上的，所以如果人類把這個標籤撕下來，就能看到貼上標籤前的（在自以為是的想法出現之前的）「真實的存在（物體）」。如果用撕掉標籤後的觀點來看物體，世界看起來究竟會如何呢？

在沙特寫的一本名叫《嘔吐》（*Nausea*）的小說中，將這個情景表現得非常精彩（順帶一提，這部作品獲得諾貝爾文學獎，但沙特拒絕領獎）。

這本小說的書名《嘔吐》，也就是指想吐的感覺。小說的主角羅岡丹因為不明原因，屢屢產生想吐的感覺，在書中的高潮部分，突然揭發這份想吐感覺的真正原因。這件事就發生於主角坐在公園的長椅上，看到「歐洲七葉樹的樹根」的時候。下面引用了這段內容，為了方便閱讀，採用了意譯的方式：

「歐洲七葉樹的樹根，深深扎在大地裡，剛好就在我坐的長椅正下方。看到這副情景後，我就想不起來那個東西是根了。『根』這個詞消失了，我徹底忘記這個詞帶有的意思，還有這個詞的用法。我彎著腰、低著頭，一個人看著那團黑黑一節一節的東西好久。……結果，意外地揭下了『存在』的面紗。具有抽象分類的『外表』，全部都沒有了。不止『樹根』如此，連『柵欄』、『長椅』、『草坪』也全都消失了。結果，所謂的存在，就是像麵團般的東西。樹根只不過是捏出來的一團東西。物體的多樣性以及特性，歸根究柢都只是假象，僅只是一些汙垢。而現在，這些汙垢徹底溶解了。現在這些地方已經只有怪物般的、軟軟的、亂七八糟的塊狀物——既可怕又令人生厭的赤裸裸的塊狀物。」

舉例來說，當我們看到「放在盤子上的蘋果」，就會想「盤子上放著蘋果耶」。這個時候「盤子」和「蘋果」的存在，對我們來說具有「上面可以放東西」、「可以吃」的意義，但是從原理上來講，這些東西充其量不過是一團原子，也就是「一團一粒一粒的東西」。

如果用這個一團一粒一粒的東西，當作前提來思考，那麼，「盤子」和「蘋果」之間就沒有了所謂的「交界線（邊線）」。因為這些都只不過是一粒一粒（原子）所排列出的東西。如果想得更徹底一點的話，就連包覆「盤子」和「蘋果」的「空氣」，都一樣是由一粒一粒的東西所組成的，所以任何東西彼此都沒有差別了。

這樣說起來，終極的情況就是「盤子」、「蘋果」、「空氣」全都一樣是一粒一粒的東西，「相同的一粒一粒的塊狀物」全都融在一起。景色變得一片模糊，「盤子」、「蘋果」、「空氣」全都不存在（參考圖3－2）。

如果把所有東西都想成是一樣的一粒一粒（原子）的塊狀物，那麼不管怎麼的情景都會變成這個樣子。

【圖3-2　沙特主張的「存在」】

現在稍微想像一下，突然間有外星人出現在家門口。假設這個外星人拿出軟軟爛爛的巨大黏土，把其中一部分用力一捏，把這個部分捏硬，再指著這個地方說：「這個是MOGO。它的本質是如此如此這般這般。」

不用說，對於這個外星人所說的話，我們的反應會是：「嗄？」我們根本看不出來有MOGO這種東西，也看不出有那些本質。真要說起來，到底哪裡是MOGO、哪裡不是MOGO啊？對我們而言，那裡就只有一塊軟軟爛爛的黏土而已。

但是，外星人想必會反駁的。

「不對啦，不管怎麼看這裡都有MOGO吧？」

的確，仔細看他指的部分，就會感覺這個部分黏土的硬度和顏色（電磁波的反射方式），好像真的跟周圍不一樣。不過這對我們來說，只是一種看不懂的紋路，也只是一個稍微凹凸不平的地方而已，跟其他凹凸不平的地方也沒什麼差別，而外星人指著這樣的地方，對我們大喊：「這是MOGO！這是MOGO喔！」我們也只會覺得：「這傢伙到底在說什麼啊。」結果對我們來說，MOGO這種東西就是「只是這傢伙自顧自地深信有這種物體而已」，實際上那邊只有軟軟爛爛的巨大黏土，上面帶著怪異的紋路而已。

可是，這樣的情況也會發生在外星人看到「我們的東西」的時候。我們對外星人說：「『盤子』上面放著『蘋果』喔。」這時他也只會說：「嗄？『ㄆㄢˊ ㄗ˙』？『ㄆㄧㄥˊ ㄍㄨㄛˇ』？才沒有這種東西咧，這些都只是你自己想像出來的啦。」

說到最後，我們眼前也沒有「盤子」跟「蘋果」。之所以會覺得有這些東西，都是因為看的人擅自賦予意義（自顧自地深信「這個可以放東西」、「這個可以吃」），在這些東西身上，這些存在的東西一開始並未具備這些意義。

如果你察覺到這件事，再用這個角度來看世界的話，世界就會是一塊巨大的黏土，只是由一粒一粒的東西聚集而成。「盤子」、「蘋果」、「樹根」、「柵欄」、「長椅」的分類都被撕了下來，變成一個巨大臃腫的海葵，上面帶著紋路，亂七八糟，看不懂是什麼意思。要是認真看了這種東西的話，除了想嘔吐以外，還能有什麼感覺呢？

好啦，以上就是沙特的世界觀，你覺得如何呢？如果用這種方式來看世界，那麼，世界根本就沒有任何意義，只是偶然存在於這裡而已。沙特假想這就是世界真實的樣貌，而我們就活在這樣沒有意義的世界裡，這種世界觀令人絕望的程度，可以說絲毫不輸給齊克果。

齊克果是從這種絕望的世界觀，提出了「正因如此，所以〇〇」的哲學主張，而沙特則是跟齊克果一模一樣。沙特也是用「雖然很令人絕望……但是正因如此，所以！」的做法，建立了他獨創的哲學。

而這份哲學主張，簡單來講就是以下這樣：

「世界（所有的物體、現實存在）並不具有『這種東西，就是如此如此這般這般的東西』的本質。

也就是說，世界並沒有預先決定好的『意義（本質）』。

我們活在這樣冷酷無情又令人害怕的世界裡。

但是，正因如此，我們就能夠賦予這個世界意義！

正因為『意義（本質）』沒有預先決定，

所以我們才能夠自由地賦予『意義（本質）』！」

總而言之，就是說「**如果世界沒有意義，那靠自己創造就好啦**」。這件事也同樣適用於「人類」這個存在。

「因為世界沒有意義，所以自然也沒有『所謂的人類就是這樣的』這種預先決定好的意義、定義、本質。因此生為『人類』的這種存在，其實並不是身為一個人。我們是由自己來決定『所謂的人類就是這樣的』這份意義，用自己的意志『成為人類』的。」

我們一般都會覺得，自己出生就是人類。但是，如果世界沒有意義的話，那世界也就不具有「人類」的意義。若是這樣，「人類」這個詞的意義，就必須要由自己來賦予，並且靠著自己的意志，「以人類的身分」活在世界上。

這段話是多麼慷慨激昂啊。事實上，這些話語引起了當時年輕人強烈的回響。

沙特的時代剛好在一九〇〇年左右，那個時代資本主義蓬勃發展，人們的生活開始富裕起來。在這個時代下，年輕人應該能過著人類史上最幸福的生活才對。然而，現實卻是相反。這些年輕人生在溫暖的家庭，每天都有足夠的飯可以吃，也有時間可以自由運用，儘管如此，他們卻不知為何而感到空虛與不幸。

為什麼呢？簡單來說，就是「因為變閒了所以時間也變多，可以去想多餘的事情」。窮到光是為了要填飽肚子，就得耗盡全力的時候，沒有時間可以想多餘的事情，這種時候倒還好，但等到富裕了、不忙了，人類立刻就會開始思考「本質」這種東西，於是就煩惱起來了。

「我的人生平凡、滿足、又帶著一點無趣，而人生究竟有什麼意義呢？就只能繼續這樣無所事事，過著平凡無奇的生活，就這樣老去、死掉嗎？還是說有什麼東西，可以當作我們活著的意義呢？我們能不能遇到什麼特別的事物，讓我們某一天早上醒來，能夠說出『啊，我活在世界上，就是為了要做這件事』呢？」

為人生賦予意義

活著的意義是什麼？這一個相當根本的問題，每個人在年輕的時候，好歹也會想過一次。對於這個問題，沙特正面回答：

「根本就沒有什麼意義啦！」

再繼續接著說：

「但是，正因為這樣，
所以才要靠自己的意志，
創造出『意義（本質）』不是嗎！」

當時仍然是個保守的時代。活在世界上應該要做什麼事，已經由「神、國家、傳統」等等先決定好了，人們應該直接照著做——這種價值觀在當時還是很普遍，所以沙特的存在主義帶給人們很大的衝擊。

但是，就算這麼說，眼下我們應該用什麼方式生活才好呢？能讓自己覺得「我就是為了這個而活著的」那種有價值的意義，感覺是很難創造出來的。

不要緊。沙特為我們創造了一個新的哲學用語，這個詞帶著魔法，可以驅除這樣的疑心，幫助我們下定決心。這個詞就是……

「Engagement」

這個詞是法文，翻譯成「**社會參與**」，而沙特賦予了這個詞一些新的意思，並傳布給年輕人：

「人生沒有意義，但是，正因為如此，才硬是要積極參與社會。」

結果，立刻就爆紅了。這個詞在年輕人之間極為流行，大家把「Engagement」當成一個口號，並開始致力於社會參與。

不過，為什麼年輕人會被「Engagement」這個詞深深吸引呢？硬要講的話，就是「也不知道為什麼，就只是覺得很酷」。

首先，「Engagement」這個詞的主張，是用相反的觀點來看待事情。要是世界和人生沒有意義的話，根本就不需要去管社會上的事，只要靜悄悄過活就好了嘛。可是「Engagement」卻煽動人們「正因為這樣，所以反而更應該躍上社會的舞台」。

一般說來，使用這種跟一般相反的表達方式，很容易牽動年輕人的心。舉例來說，如果對年輕人說：「讀書很重要，不讀書以後就沒有成就，快點讀書。」年輕人根本理都不理，但如果是用相反的說法，這麼對他們說：「讀書一點意義也沒有，出了社會也用不到，但是在這樣的情況下，還是硬來讀書吧！」這樣一來，不知道為什麼就會覺得很酷。在這種情況下讀書，要是還變成了「全班讀書讀得最好的一個」，那感覺一定非常痛快吧。

另外，「Engagement」這個詞，本身也暗藏玄機。這個詞我們不太常用，所以大家或許不明白，其實參考這個詞的拼法（Engagement）就會明白，是從「Engage（婚約）」這個字來的。現在來把「Engagement」這個令人毫無頭緒的詞，代換成下面這種讓人看得懂的話吧。

「訂下Engage（婚約）的人。」[1]

如何呢？會不會覺得這個詞感覺有點酷呢？而實際上，這個詞在當時擄獲了年輕人的心。例如像是這樣的情況：

1 Engagement的發音，近似Engage man。

「可惡，我想要進女生宿舍，結果教授就罵我，說我違反規定！」

「真的假的。話說為什麼不能進女生宿舍啊？這些規則都只是那些死板的教授擅自訂的吧？沙特老師說，世界上的東西都不是預先決定好的。還說這些東西要靠自己的意志去創造。」

「好！那我們就來改變大學這個社會吧！就算跟所有教授為敵，也要改變規則！對，我們要變成沙特老師說的那個……」

「『訂下婚約的人』！」

「等一下！怎麼可以把我忘了啊！」

「學、學長！可是學長你們已經找到工作了，如果現在跟教授起衝突，會影響到你們的工作吧……」

「有什麼關係！我們是同一個大學的伙伴吧！而且有些事情比區區一個工作還重要。這些事情要由我……由我們來決定！不管怎麼說，我們是……雖然知道社會沒有意義，卻還硬是跟社會訂下婚約（扯上關係）的人，雖然擁有自由、可以安穩度日，卻還硬是讓自己跟名為革命的戰鬥訂下婚約（受到束縛），對，我們是……」

「明明知道沒有意義，卻還是跟這個世界訂下婚約的人——Engagement！」

雖然講得有點誇張，不過當沙特在世時，當時的學生真的就是用這麼激昂的態度，來看待他說的話。事實上，在巴黎的一所大學裡，學生對女生宿舍限制男生進入的規定發起抗議，占據了女生宿舍。他們製作了路障，並跟大批警力發生衝突。

這個事件乍看之下，感覺只是學生出於無聊的原因，魯莽行事而已，但是令人驚訝的是，這起事件竟然一路擴展到各地的大學。「**給我們自由與發言權！禁止你們禁止我們！**」全國上下的學生高呼這個口號，大鬧特鬧、占領大學——甚至還發展到了這個局面。

而且，還不只是這樣，這場騷動也引起各地的勞工響應。發生了大規模的罷工，導致工廠及交通系統癱瘓。結果甚至迫使議會面臨解散的命運。

這起事件，就是之後人們所說的「五月風暴」（**事件起始於有一些人吵著要進去女生宿舍，結果最後卻將法國政府推翻了**），不過這場動亂背後，受到了沙特存在主義很大的影響，這點當然無庸置疑。

一般來說，對於革命（將社會改造成理想的樣貌）這件事情，我們通常都會覺得是那些英雄的事業，跟自己沒有關係。但是，至少在沙特在世的時候、在存在主義具有強大影響力的時候，人們並不是這麼想的。

如前面所述，我們必須藉由自己的意志，來創造出人類和人生的意義。我們就是背負著這樣的宿命。當然，這個宿命的負擔應該很重。不管怎麼想，直接照著別人說的方式活下去，肯定會比較輕鬆，要是特地站上麻煩的社會舞台，還會被人抨擊。

不過，但是，正因如此……，反而……，硬是要……，機會難得，不如就乾脆站到大舞台去。躍上名為歷史的這個華麗舞台，藉由自己做的決定，「賦予」自己在歷史上的定位與活著的意義。

沙特的哲學在這些年輕人的背後推了一把，這些年輕人十分狂熱。他們自己決定自己的生活方式，認為：「**自己人生的意義，要由自己來創造！**」並從此醉心於——

「社會革命（創造出理想的社會）」。

第四章

哲學中的結構主義

李維史陀

Claude Lévi-Strauss

存在主義是一門充滿魅力的哲學。不管是齊克果還是沙特，都用了一種巧妙的方式，一開始先讓對方陷入一種絕望的世界觀，接著再將人舉起來，說：「但是，正因為這樣，所以人類才是特別的啊！」用這種有點狡猾的說法，牢牢抓住了當時年輕人的心。

但是很遺憾的，在沙特有生之年時，存在主義就已經跟不上時代了。出現了一派新的哲學，將存在主義化為烏有。那就是結構主義。

發現「潛意識」

若要知道結構主義的思想是怎麼產生的，就必須從沙特的年代再往前追溯一些。

西格蒙德・佛洛伊德（Sigmund Freud），是一位奧地利的精神分析學家。大家應該都有聽過他的名字，而他說了一些話，帶給世界很大的震撼，這些話大致上像以下這樣：

「你們應該都沒有發現，也不會相信，但其實幼兒也有性欲。但是幼兒的性欲不可能滿足、實現。因為會被父母罵說：『不可以摸雞雞！』這樣一來，身為弱者的幼兒就會認定『不可以摸雞雞、性方面的事情是不應該的』，開始『壓抑』自己的性欲。而這份『壓抑』如果太過強烈，最後就會導致精神異常，可是人類都是『壓抑』的，所以你們所有人在性方面都是反常的，都是精神異常者。」

我個人非常喜歡佛洛伊德。老實說，我覺得他應該要這樣講才對：

「所有的人類都有欲望。但是，這份欲望未必都能滿足。所以人必須『壓抑』自己的欲望，

然而，一旦這份『壓抑』太過強烈，人類就會產生精神上的疾病。
由於人類全都『壓抑』著不少的東西，
所以恐怕每個人的心理上，多少都有著異常的一面。」

他所主張的「壓抑會導致精神疾病」，在當時來說是一項非常劃時代的理論，所以，要是他是用這種方式來表達，那想必大家都會鼓掌贊成，大力讚揚「這個見解實在是太偉大了」。

然而，不知道為什麼，佛洛伊德談起這些事情時，一直都要牽扯到「性」，而且還是「幼兒的性」。在佛洛伊德的那個保守的年代，談論性方面的事情，會讓人們感到不悅。更何況他談論的還是小孩的性欲，簡直是太不像話了。佛洛伊德雖然提出了非常劃時代的理論，但是卻受到當時知識分子嚴厲的批評，彷佛就像是抗拒這份主張一樣。

但是，他是不會放棄的吧。就算知道會被人批評，卻還是非用這種方式說不可。對於這一點，我有種強烈的共鳴。

好了，目前為止我們已經知道，佛洛伊德因為一直用性的方式去論述，於是人們對他的評價低到不合理的程度，那麼，如果要從歷史上的觀點來看，選出他最大的一項成就，果然還是他發現了「潛意識」這個新觀念，並讓世界上的人都知道。對現在的我們來說，潛意識這個詞是種日常用語，「啊，抱歉，這是潛意識讓我做的。」像這樣用得非常自然，這其實是佛洛伊德的成果（雖說如此，不過關於發現潛意識的人是誰，有很多不同的說法。不過，佛洛伊德無疑是第一個正式在學術上提出潛意識，並加以研究的人，因此本書將佛洛伊德視為潛意識的發現者）。

那麼，佛洛伊德是怎麼發現潛意識這個觀念的呢？這跟他身為精神科醫師有很大的關係。他每天都會接觸到患有精神疾病的人，就在某一天，他突然發覺到這樣的事情：

「咦？他們每個人都說『我不知道自己的精神狀態為什麼會變成這樣』，但是如果充分挖掘他們的記憶，就會發現他們必定擁有一段記憶（幼兒期的悲傷記憶、心理創傷），而這段記憶就是形成他們現在這個狀態的原因。這是為什麼呢？本人都已經忘記的記憶，有可能對本人造成影響嗎？」

現在這個時代，或許有人可以輕易說出：「這是潛意識幹的好事啦！原本以為已經忘記的心靈創傷，隱藏在深層心理，然後影響了這個人的精神狀態啦！」但是，在當時那個年代，這並不是一種常識，所以佛洛伊德遇到的這種現象，對他來說簡直是不可思議。

現代人已經徹底接受了「潛意識」這個東西，把它當作是一種常識，但是現在請你重新想一想，「潛意識」這種東西有多麼不合理、不可思議。

一般來說，對於那些當事人沒有自覺、沒有意識到的事物，我們應該會單純想成就是那個人「不知道的資訊」。而這份「不知道的資訊」卻「影響了這個人的行動」，按照理性來看，根本就是非常奇怪的事。

舉例來說，現在請想像一下這個情景——第一次見到一個人時，明明自己對這個人的臉跟名字都沒印象，但是卻不知不覺脫口而出：「啊，好久不見。」就在這時，才忽然想起從前曾經見過這個人……

首先，用單純的道理來思考的話，會講出「好久不見」這種話，必須是有如下的因果關係。

我知道「從前曾經見過這個人」這個資訊

↓

因此我產生了講出「好久不見」這句話的意志

↓

接著，實際講出「好久不見」

可是，這個例子的情況卻是這樣：

說出「好久不見」

↑

我知道了「從前曾經見過這個人」的這個資訊

這樣的因果關係怎麼想都不合理。如果是講了以後，才想起「從前曾經見過這個人」的資訊，那產生了講出「好久不見」這句話的意志的人，到底會是誰呢？至少不會是之後才知道資訊的「我」。因為，要是這樣的話，那因果關係就必須要是如此：

「我以外的某個人」知道從前見過這個人的這份資訊

↓

「我以外的某個人」產生了講出「好久不見」這句話的意志

↓

「我的身體」實際講出了「好久不見」這句話

↓

「我」發現自己講出了這樣的話，然後「我」想起了從前見過這個人的這份資訊這裡所說的「我以外的某人」，在現代稱為潛意識，大家都理所當然地接受，已經成為一種常識了，但是請你想像一下，第一次知道有這種現象的人，會是什麼樣的心情。因為，這份因果關係代表著這樣的意思：

「我以外的『某個人』操控著『我』的行動（身體）。」

仔細想一想，會不會覺得很可怕、令人感到很不舒服呢？

平常我們都很自然的跟人打招呼、跟人對話。有時候可能也會跟人吵架，或是愛對方。而且我們覺得這些事情，全都是在自己的意志下進行的。但是如果這些只是錯覺，如果是「住在自己大腦裡的、陌生的某個人」的操控下所做的事情。那我們的人生、「我」的人生，究竟又是什麼呢？

要是非常仔細地觀察自己的身體，就會充分明白這個令人震撼的事實，「**讓自己動起來的並不是自己**」。

舉個例子，稍微注意一下自己的嘴巴。假設你把魚肉放到自己嘴裡。結果會怎樣呢？一定會在你沒有意識到的情況下，嘴唇就在絕妙的時機閉上了，柔軟的舌頭將魚肉翻動，臼齒將肉片適當地磨碎成肉泥。還要再加上舌頭，舌頭要在這一連串的操作過程中，感覺到魚刺的存在，並且把魚刺帶到嘴唇那邊去。令人吃驚的是，經過了這一連串令人毛骨悚然的操作過程後，嘴唇跟舌頭都完全沒有被牙齒所傷，而這麼複雜的作業流程，是你在「自己的意志」的命令下所控制的嗎？

不是。很難想像嘴巴的這些運作，是由自己的意志不斷命令、操控而成的。這樣一來，嘴巴的這些運作，果然還是「跟我的意志無關，是藉由『其他東西的運作』，而自己動起來的」，這樣想才會比較恰當吧。

而且，這個情況當然不只限於嘴巴而已。如果進行一樣的觀察，就會發現眼睛、手腳、身體的所有部分，明明自己都沒有下任何的命令，但這些地方卻不知不覺就動了起來，這果然也應該想成是「被我以外的某些東西操控而動起來的」。如果繼續追根究柢，那麼，產生我們想法的大腦，也是身體的一部分，是不是也適用於嘴巴和手腳的情形呢？

舉個例子，現在請想想這種隨處可見、日常生活常會出現的情況：「口渴了，想要喝冰箱裡的果汁，於是站起來、走向冰箱」。一般來說，我們會單純地覺得，之所以會有「走向冰箱」這個想法，是「自己思考後的結果」，但是真的是這樣嗎？實際花上一段時間，持續仔細地注視自己的內心後，就會發現這種單純的想法，其實並不符合事實。這種想法與其說是「思考後的結果」，不如說是「不知不覺間浮現的想法」，才比較接近實際的感覺。

說起來，其實在「口渴了，想要喝冰箱的果汁」的想法裡，包含的判斷（資訊處理）比我們想的還要多。舉例來說，「冰箱是什麼樣的東西的這份資訊」、「考慮是否能夠抵達冰箱前」、「和其他選項比較，例如喝白開水、去販賣機買飲料」……等等，經過了各式各樣的判斷（資訊處理）過程，最後才得出了這樣的想法。但是，我們卻不覺得有經過這些過程。這個想法是大腦在不知不覺間自行產生的，我們只是在意識上接受「進行了這些判斷（資訊處理）後，所產生的想法」。若真是如此，那麼下達「走向冰箱」這個判斷的人，就必定是「我以外的某個人」了。

搞不好有人聽了這個結論後，會覺得跟手腳的事情比起來，這件事要來得震撼多了。手腳的話就算了，連思考都「跟自己的意志無關，自己就動起來了」，這樣的情況用一般的感覺很難想像，而且也很難令人接受。這是因為，大多數人都覺得「思考」就等於「自己」，抱著「只有思考才是自己」這樣的觀念（不太有人會因為「手腳」被人輕視時生氣，但是很多人當「想法」被人輕視時，卻會氣得火冒三丈，就是因為這個原因）。

因為這樣，所以在佛洛伊德的時代，對只有「思考就是我想出來的事情」或「思考就等於我這個人」這種單純觀念的人們來說，「潛意識（思考其實不是我想出來的事情）」這個觀念帶來的衝擊，簡直就像顛覆了世界。

潛意識與存在

好啦，佛洛伊德讓我們知道了潛意識的存在，不過這又怎樣呢？其實啊，這樣一來，存在主義者就遇上大麻煩了。

說起來，存在主義的主張，簡單來說是這樣：

「人類擁有『自己的意志（主體的意志）』，能夠藉由這份意志，自由地決定『自己的本質』。人類就是這樣一種非常棒、非常特別的存在。」

但是，一旦帶進了佛洛伊德潛意識的觀念後，這份主張的前提，就會立刻變得很奇怪。也就是說，會產生這樣的疑問——

「說是說人類擁有『自己的意志（主體的意志）』啦，但是，其實根本就沒有這種東西吧？」（笑）

如果「具有主體的意志」只是單純的想像，而人類的行動根本就是受到「潛意識」的操控，連當事人都不清楚，如此一來，存在主義的主張就變成空洞無力的哲學了。

例如巴黎的五月風暴。年輕人受到沙特存在主義的號召而覺醒，企圖用自己的意志，決定自己在歷史上的定位，因而投身追求自由平等的學生運動，最後迫使議會解散，是法國史上光輝燦爛的市民革命，要是將這件事用佛洛伊德的說法來解釋，就會完全化為烏有，變成這個樣子：

「不不不，那群學生大吵大鬧，說什麼要自由、要平等，結果根本就只是想跟女孩子做下流的事而已吧。他們想要的自由，只是能夠隨意出入女生宿舍的自由而已吧。可是他們卻不覺得自己是那種下流的人類。他們在這個時候，壓抑了這份欲望，將這份欲望關在記憶深處，徹底忘記了。相對地提出了自由等等主張，並塑造成革命運動的形式。簡單來說，他們那些『要自由、要平等』的呼聲，全都是謊言，其實只是受到了『想和女孩子做下流的事』的『潛意識』所操控，在那邊胡作非為而已吧。」

如果用這種方式解釋的話，偉大的五月風暴只不過是在「潛意識」操控之下，形成的一場沒有意義、沒有價值、無聊的大騷動而已。

雖說如此，不過佛洛伊德的理論如前所述，充滿了許多性方面的論述，所以並沒有那麼滲透人心、改變所有人的想法，也未能顛覆存在主義的世界。

這也是很正常的吧。

「我夢到氣球」→「因為壓抑了對胸部的欲望，所以才有這個結果。」

「我想當足球選手」→「因為壓抑了對胸部的欲望，所以才有這個結果。」

對所有事情全都像這樣，一律還原成「因為壓抑了性欲」，就是佛洛伊德式的做法，所以不可能受到一般大眾接受。就算「充滿正義的市民革命→原因出於胸部」這個因果關係是真的，大多數的人也不可能會同意，包括知識分子在內。

不過，有個男人接手了佛洛伊德式的想法，化為不同的形態，並且提出具有說服力的說法。他的名字是李維史陀。這位哲學家，成功將佛洛伊德式潛意識的觀念，普遍滲透到人們心中，並破壞了存在主義的世界。

未開化社會的規則

但是要說李維史陀是位哲學家，可能又有點牽強。就像佛洛伊德其實是精神科醫師，並不算哲學家，而李維史陀也是一樣，與其說是哲學家，不如說是「人類學家」會比較正確，事實上，人類學家本來就是他的職業。

順帶一提，說到人類學家，你會浮現什麼樣的印象呢？為了將許許多多國家人們的身體特徵、文化特徵，匯集而成一門學問，因此在全世界到處飛來飛去，打扮得像冒險家一樣的學者——或許會浮現出這樣的印象。完全沒錯。李維史陀真的就是這樣的學者。

只是，他這樣的行為，在以前的時代看來，是非常怪異的，一直到一九〇〇年左右為止，人類學者大都不會踏出自己國家一步，就只是根據書籍與傳說的資料，將異國文化進行統整。也就是說，像李維史陀這樣「親赴當地、過著當地的生活、調查那片土地的文化」，即所謂的實地工作者，這樣的人類學家幾乎是沒有的。正因如此，李維史陀可謂這種類型人類學家的先驅。

好了，就是這麼一回事，李維史陀走訪熱帶雨林的部落，也就是所謂的未開化部落，你可以想像，就是拿著長槍、發出喔喝喔喝的聲音跳舞的那種形象，他調查了當地的文化，結果發現了不可思議的共通點。不管是哪個部族，在婚姻（男女之間結婚）上都有著奇妙的制度（規則）。

像是堂表兄弟姊妹間的結婚規則。在日本，「堂表兄弟姊妹可以結婚」，不過大部分未開化社會關於這方面，卻有著不同的規則。具體來說，「堂兄弟姊妹」之間不能結婚，但是「表兄弟姊妹」之間卻可以結婚。換句話說，同姓兄弟所生的小孩，彼此不能結婚（也就是說，哥哥跟弟弟的小孩，彼此不行結婚），但是異姓的兄弟姊妹所生的小孩，彼此卻可以結婚（哥哥跟妹妹的小孩，彼此可以結婚）。（參考圖4－1）

為什麼會出現這樣的規則呢？其實從遺傳學來看，並沒有證據顯示不能結婚。也就是說，這點沒辦法用「這是一種人類的生存本能，這種結婚規則已經深入基因當中」或者是「這樣結婚對基因比較有利，所以只有採用這種規則的部族可以生存下來」的方式，做出一個合理的解釋。

但是，雖說如此，在許多未開化社會中，這種結婚規則已經成為他們根深蒂固的文化了。既然這樣，那到底為什麼會有這個規則呢？對於這個問題，李維史陀得出了一個答案，用非常簡略的方式來講，就是這樣：

「與其讓哥哥的小孩和弟弟的小孩結婚，不如跟嫁到別人家去的妹妹的小孩結婚（表兄弟姊妹成婚），比較能擴展家族間的交流啊！」

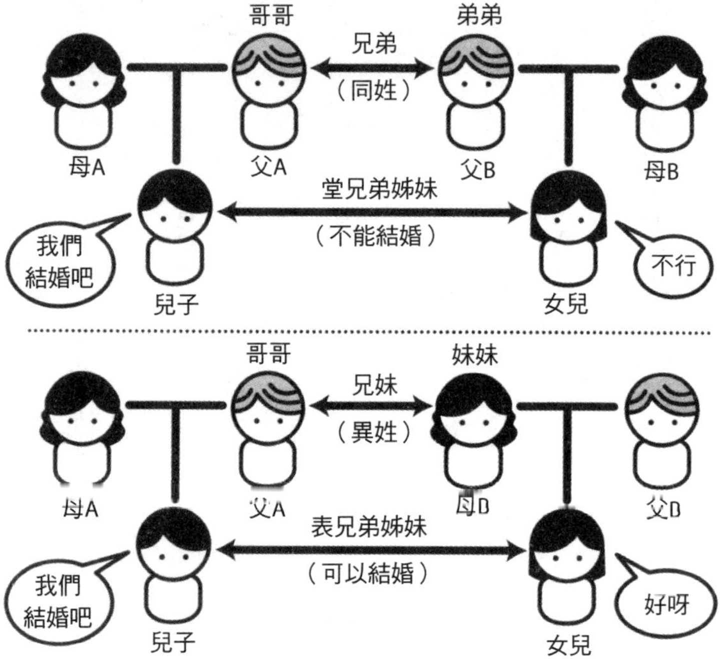

【圖 4-1　堂表兄弟姊妹的結婚規則】

實際聽了他的論點後，或許有人會覺得什麼嘛也不過如此。另外，或許也有人會懷疑這番話有多少根據。不過，現在就先將這些疑惑放在一旁吧。這是因為，不管李維史陀的解釋是對是錯，實際上根本就不重要，真正重要的是「未開化的社會廣泛使用這些規則」這件事。

話說回來，所謂「未開化」的社會，意思就是與文明隔絕的社會，也就是說，幾乎不會有外來資訊傳進來。如果是這樣的話，彼此理應毫無交流的「多個受到隔絕的未開化社會」，全都「使用相同的規則」，這點用一般的角度來看，實在很奇怪。

很難想像這是偶然，也很難想像部族A形成的規則，經過長途旅行後，傳到了部族B、部族C，乃至於部族Z（如果是這樣，應該會留下傳遞的證據才對）。

而且很不可思議的是，去問那些部族裡的人：「為什麼你們會用這個規則呢？理由何在？」他們也只會回答：「不知道。」為什麼未開化社會的人，要使用連自己都無法解釋的「莫名其妙的規則」呢？

對於這個問題，李維史陀這麼答道：

「可能在這個世界上，關於婚姻關係方面，有著『如果用這種結婚方式的話，就能擴展家族間的交流（社會就會有所發展）』的『**隱藏的結構**』，而未開化社會的人，在不經意間就選擇了這種方式。」

這個回答根本就是跳躍性思考。是哪裡跳躍呢？那當然就是這兩個部分——

- **世界有著「隱藏的結構」**。
- **人類在不經意間選擇了這個結構**。

一般說來，我們會覺得，在決定社會規則時，會經過如下的過程。

「有一天，出現了一個很聰明的人，想出了一個劃時代的規則，可以讓社會有所發展。接著，大家也都覺得這個規則很棒，於是實際採用。」

正常來說都會這樣想。照這個想法來看，就會是由那個聰明人的「意志」想出規則，並且由大家的「意志」採用規則。

但是，這個正常的想法，被李維史陀否定了——

「並不是人類的意志一開始就存在，
這份意志可以自由地思考事物，
並創造出獨創、方便的新規則。
而是世界一開始就隱藏著『特定的規則』，
而人類在不經意間選擇了這套規則。」

總而言之，就是「人類社會的規則，並不是每個人用自己的意志拼命想出來的，其實是世界內部既有的結構，被潛意識自動選出來的。」

要立刻相信這種事或許有點困難。

可是，這個論點是李維史陀在許許多多的未開化社會間四處奔走，進行周密調查後所提出的論點，所以讓當時的知識分子也無法忽視。

隱藏在世界裡的結構

對了，現在想像一下這樣的情況。

假設你是外星人。然後，你分派到的工作，就是要調查人類這種未知的生物。

總之，你為了要調查人類這個物種會形成什麼樣的社會，於是用碟形太空船抓來一千名不特定多數的人類，消去他們大腦裡關於文明的記憶，並關進很大的房間，觀察他們從零開始會構築出怎樣的社會。另外，為了要排除偶然的因素，於是準備了十間房間，讓每間房間各住一百個人。結果會發生什麼事呢？

如果在這種情況下，從第一間房間到第十間房間，每間房間形成的社會，全都使用了一樣的規則，你就必須向外星人上司這麼報告了吧。

「人類這種生物，必定會形成如此這般的社會，無關乎個人的意志。不過很諷刺的是，他們似乎深信『自己的社會是用自己的意志建立起來的』……」

為了讓大家對這段話有更深刻的了解，這邊就舉個「猜拳」的例子。

假設在這個外星人所做的人類觀察實驗中，每一間房間都發展出了「猜拳」這個遊戲。

有一間房間是「石頭、紙、剪刀」，有一間房間是「大象、人類、螞蟻」，另一間房間是「皇帝、市民、奴隸」，雖然細節不一樣，但是不管在哪間房間，一定都看得到這種像猜拳一樣的遊戲。

當然，每間房間確實一開始都有人先想出了這個遊戲。但是，這個像猜拳一樣的遊戲，是否能說是這個人自創出來的呢？

這是不行的吧。因為不管在哪間房間，都發展出了一樣的遊戲，所以不該說成：

「這是藉由A的意志發展出來的，是專屬於A的。」

因為，在A以外的其他地方，也發展出了幾乎一樣的東西，所以從本質上來說，這個東西跟A個人的意志無關。

如果猜拳不是由個人的意志所創造出來的，那麼，這個想法又是從何而來的呢？若用李維史陀的風格來回答，就會是下面這樣：

「具有『三者互相牽制（X比Y強、Y比Z強、Z比X強）』這種關係的『結構』，一開始就存在於世界當中，正因為有這份『結構』，所以人類才會想出『猜拳』這個遊戲。」

或者也有可能會這樣回答：

「當人類要想個『無法預測誰輸誰贏的遊戲』時，就一定會形成『三者互相牽制』的結構。意思也就是，『在無法預測誰輸誰贏的遊戲的這個觀念中，一開始就含有了三者互相牽制的這個結構』。因此，當一個人想要有個『無法預測誰輸誰贏的遊戲』，於是開始去想一個這樣的遊戲時，這個人就已經在不經意間選擇了『三者互相牽制』的結構了，這跟他個人的意志沒有關係，而且也跟他本人是否自覺無關。」

用這個方式來想，就能清楚說明這樣的現象了：A想出了猜拳這個遊戲，而A以外的其他房間，也一樣會出現猜拳這個遊戲。（而且實際上，全世界的所有地方，真的都有類似猜拳的遊戲。）

好了，於是最後就得到了這樣的結論：

「人類社會未必都是由個人的意志所創造而成，
有時候也會是深埋在世界裡的結構（構造、原理）所創造出來的。
正因為這樣，所以世界各地的未開化社會裡，才會存在著相同的規則。」

你覺得如何呢？

可能有人會覺得：「這也沒什麼嘛。」

例如像三角形的面積公式。我們不會覺得「是〇〇這個人獨創的公式。要是沒有〇〇這個人，這個公式就不會出現了」。究其原因，是因為我們會覺得，三角形的面積公式，與其說是「〇〇獨特的想法」，不如說是「一開始就深埋在世界裡的原理（結構）」。所以，我們可以輕易想像不特定多數人都想出了這個公式的情形，而且，就算我們在數個與外界隔絕的地方，都發現一樣的公式，也不會讓我們太過驚訝。真要說起來，其實當我們想知道三角形的面積時，就注定最後只能得出這個公式了。

如果照這樣解釋，「**隱藏在世界裡的結構＝類似數學公式的東西**」，那李維史陀所說的事情也就沒什麼特別的，甚至應該說是理所當然的。

那麼，像這樣理所當然的事情，又為什麼會風靡一時，甚至有辦法破壞存在主義，在世界上普及開來呢？

或許多少跟當時的背景有關，人們會覺得「存在主義的那些傢伙太煩了」。也就是說，當時是存在主義的天下，所以周遭的大人都在說些熱情煩人的話：

「世界沒有本質！所以本質要用我們的自由意志來決定！我們肩負著責任，要負責給予世界意義，我們要用這樣的生活方式活在世界上！」

這種思考方式剛在世界登場時，感覺還不錯。從來沒有聽過這樣的想法，所以感覺很新鮮又很刺激。但是，如果這個口號一直重複聽了無數遍，再加上身邊的人全都異口同聲，不斷說一樣的話，實在使人厭煩吧。狂聽這些東西之後，就會想聽聽與其相反的東西，這是人之常情。在這樣的情況下，李維史陀所說的「所有人類都可以自由地思考事情，並藉此創造出美好的社會。這種話完全是騙人的」，就非常適時地抓住了年輕人的心。

結構主義帶來的衝擊

如果你想要體會一下結構主義（認為結構先於存在的一種想法）初登場時，大家心裡的那股痛快感，就稍微想像一下以下的情景。

假設在外星人做的那個人類觀察實驗中，你是被關在房間裡的其中一個人。然後，在你待的那間房間裡，出現了一群這樣的傢伙。

這群男的穿著大紅色的素色襯衫，不知為何脖子上掛著小猴子的骷髏頭，胡亂彈著吉他，整個晚上都在大喊：

「我們是自由的！世界上完全沒有任何本質，沒有任何事情一定非得是某個樣子不可！所以我們要用自己的自由意志，來決定自己的服裝、自己的音樂、自己的人生！」

簡單來說，明明書讀得根本不怎麼樣，只是些無能的傢伙，卻還一直談論政治啊、社會啊，水準很低。但是很遺憾的，他們算是你的「前輩」，所以你就算覺得「吵死了」，卻還是必須每天附和他們：「真不愧是前輩，我也覺得很有道理。」

就在有一天，英雄出現了。這位英雄竟然不顧危險，隻身潛入別的房間（受到隔絕的另一個世界），去看看那些地方是什麼樣的情景。

據他所說，在別的房間裡，有一群人橫行霸道。

「別的房間裡，有一群人穿著黃色的素色襯衫，脖子上掛著小豬的骷髏頭，吹著小喇叭，一邊大喊『我們是平等的！』。」

然後，再到另外一間房間，也有類似的一群人。

你聽了以後，一定會這麼想吧。

「咦？這樣是不是跟前輩他們很像？雖然細節不一樣，但是，感覺根本上的『某些東西』是一樣的！」

而這個「某些東西」到底是什麼，也想不到有什麼詞，可以貼切表達出「某些東西」。總之，就先把這個「某些東西」稱為「結構」，無論如何，現在可以確定的是，那些自以為了不起的前輩，「不過只是一群會錯意的傢伙而已」。

你把那些前輩叫了過來，對他們說：

「前輩你們總是說『用自己的意志，自由地決定事情吧』、『藉由個人的主體意志來做出決定，這才是真理』，其實你們根本就不能自由決定吧？因為你們口中的那些『用自己的意志，自由決定出的事情』，就跟隔壁房間的那群人一模一樣啊！所以你們肯定是在『某些東西』的操控之下而行動的。但是你們卻沒有發現，還深信『是自己選擇的』，你們不覺得這樣超級滑稽嗎？」

當然，前輩聽了這段話後，一定會臉色大變，激動地反駁，不過他們不管怎麼狂吠，歸根究柢，說的也都只會是抽象的理論、主張精神可以決定一切的理論，諸如：「主體的意志……、自由……、做決定……。」相反的，你提倡的則是英雄看到的那些情景，即「**以觀察到的事實為基礎所導出的理論**」，因此無論怎麼想，前輩都是沒有勝算的。結果，那些一直到昨天都還在開心吵鬧的前輩，就這樣完全被你駁倒了。

這些前輩臉色鐵青、垂頭喪氣。你將這些前輩的主張、以及他們的大半輩子，徹底化為烏有。

——嗯，大概就是這樣的感覺。總之，就是在說：

「雖然你們深信自己可以決定任何事情，但其實在世界的背後，隱藏著一種結構，而你們所做的決定，都是在這個結構的控制之下唷。在你們高舉『我的意志啊、做決定啊』這些無聊又不實際的旗幟，跑來跑去、跳來跳去之前，先來了解一下世界中隱藏的結構，之後再來下定論也不遲吧？」

那些對頌揚存在主義的言論感到厭煩的人們，就這樣撲向李維史陀的「結構」，並將存在主義者徹底駁倒了。

於是，存在主義兵敗如山倒，就這樣被人捨棄，變成跟不上時代的哲學了。

貴志 「好，決定了！我要用我的意志自由地活下去！我絕對不要活在其他東西的操控下！」

媽媽 「貴志，加油！我年輕的時候也曾經這樣想過喔！」

維根斯坦

Ludwig Josef Johann Wittgenstein

李維史陀開啟的新一派哲學——結構主義，帶來了可怕的結論：人類「並不是像自以為的那樣都是自己在思考的」。

我們的行動其實受到了「某種東西」的操縱……

而當時的人將這個「某種東西」命名為「結構」，那這個「結構」到底是什麼意思呢？

請看看下一頁的圖。就只有A這個圖形。如果只單看這個圖形，我們根本就不知道這是什麼東西。頂多也只能說「有點像是圓形，又有點像三角形，總之就是歪歪扭扭的東西」。

接著再看二二四頁圖4－2。這次除了A以外，旁邊還有很多圖，有B、C、D、E。這個時候，因為可以跟其他圖形互相比較，所以就能看出其中隱藏的「共同的形狀（正圓形）」。也就是說，大家看了以後，立刻就會明白「這些圖形以正圓形為基礎，再進行一些數學上的轉換，弄得歪歪扭扭的，最後就變成這樣了吧」。

好了，假設現在有「只有看圖形A的人」跟「圖形A到E全都有看的人」，哪一種人比較能掌握、或說比較容易掌握圖形A的本質呢？

當然會是後者。理由在於，前者只看單一圖形，所以沒辦法區別那個圖形上的特徵「是偶然如此，還是必然如此」，而後者可以跟其他圖形比較，找出「共同的特徵（這些圖形中的根本結構）」，輕鬆就能做出區別。

所以，總而言之就是在講：

「與其看『單個』，不如看『多個』，
再找出其中帶有的根本結構吧。
這樣才能更加深入了解對象物唷！」

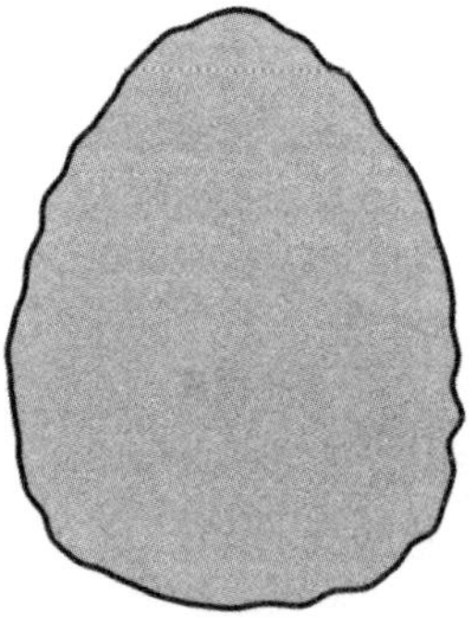

A

從這個例子應該可以大致掌握到「結構」的意象了吧。

順帶一提，找出結構時需要用到的手段，不只是「去了解對象物」而已，還包含了「**創造**」。用剛剛圖形的例子來說，知道根本的結構是「正圓形」的人，就能藉由適當扭曲正圓形，來創造出新的圖形X。只有看單一圖形的人，就無法展現出這樣的絕技。（參考圖4－3）

結構主義的要點

現在連同前一章的說明在內，再將結構主義重新整理一次吧。結構主義的主張，簡單來說就是以下兩點。

1. 人類的思考，一直都受到「結構」的掌控！雖然人類以為自己的意志可以自由地思考，但是其實這些思考，在潛意識中帶有「某種結構」！
2. 不要看單個，去看多個吧。這樣一來，就會看出共同的結構，也可以更了解事物，還可以幫助自己創造出新的事物唷。

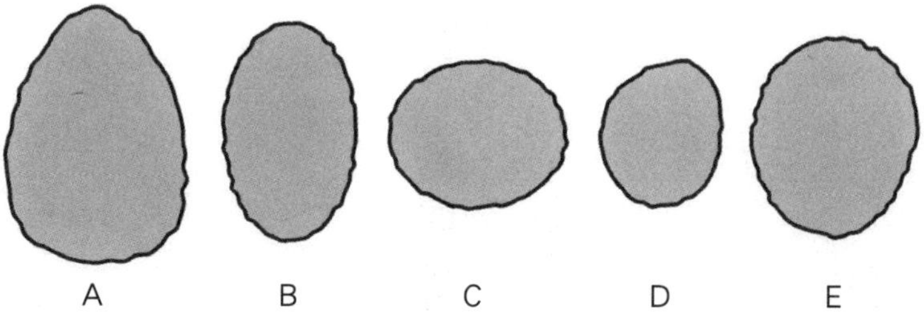

【圖 4-2　經比較後，可以找出「共同的形狀」】

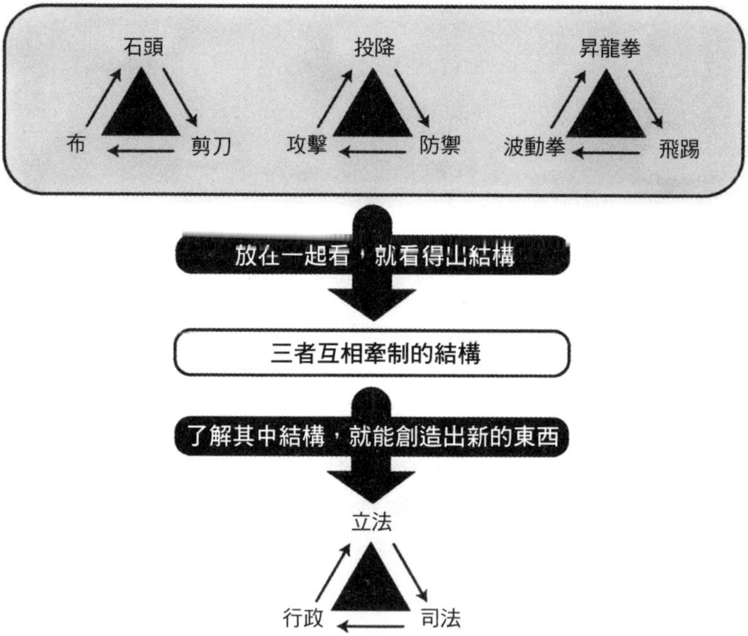

【圖 4-3　從已知的結構『創造』】

第1點與第2點說的東西，在根本上是一樣的。關於「人類與結構」的關係，用負面的角度來看，就會變成第1點的表達方式，用正面的角度來看，就會是第2點的表達方式，兩者差別只有在這裡而已。

而許多結構主義的入門書，都會用「結構主義＝批判西方中心主義」的方式來介紹，這種想法歸根究柢是從第2點來的。也就是說：

「西方人自認為西方文明是最棒的，
只從西方的角度、文化來看事情，這樣是不行的。
如果要深入了解事物，就必須多加觀察，
例如，看看東方及未開化社會的文化、思考方式。
把西方文明定位成『多個』的其中一個，
找出其中的『結構』，用廣闊的視野來理解事物。」

講得更直接一點就是：

「不要只用『單個（西方文明）』來思考啦，西方人不要再把自己當作世界中心、用一副傲慢又自以為是的態度，以為自己最優秀了，不要用『單個』來思考，用『多個』來思考啦混蛋！」

所以說，結構主義說到的所有事情，全都可以歸結為前面提的兩點，不過就像剛剛說的那樣，根本上是一樣的，所以結構主義講的東西，其實並沒有多困難。

然而，大部分結構主義的入門書卻寫得很難。很多書都讓人有看沒有懂。之所以會這樣，恐怕是因為讀者愈學、愈看，就愈會把「負面的主張」和「正面的主張」交織在一起的關係。

採用負面主張的入門書，必須從「佛洛伊德的精神分析」或「潛意識」的觀點來談結構主義，而採用正面主張的入門書，則必須使用「系統理論」或「數學」的觀點。兩邊的書都看過的人，當然就會覺得很混亂了。甚至如果在一本書當中，就包含了兩邊的觀點，並且詳盡網羅了「批判存在主義」、「批判西方中心主義」的話……就真的太龐雜了，看完以後保證會讓你覺得：「所以結構主義到底是什麼咧？」

說明的方式形形色色，大致上情況就像這樣，而結構主義麻煩的地方，就在於它很難懂，總之，這兩種說明方式，又以「正面的主張」比較受人注目，一口氣席捲世界，躍為哲學的主流。

「讓我們來將全世界的〇〇，都放在一起比較，包括至今被我們稱為未開化、被我們瞧不起的部族也算在內，然後再找出〇〇背後隱藏的『共同的結構』、『普遍的結構』吧。這樣一來，就能更深入理解〇〇，或許還能利用其中的結構，再創造出新的〇〇！唷呼！」

這個〇〇，可以是音樂，也可以是文學，可以是任何東西，簡單來說，結構主義的想法就是帶著這麼高昂的情緒，幾乎所有方面都可以適用。結果，因為容納的範圍太廣了，加上又具有實用性，所以結構主義不只流行於哲學家之間，甚至在音樂家、建築師等等各式各樣領域的專業人士之間，造成一股大流行，那麼，哲學家自己，又是要找出哪種〇〇的結構呢？

那就是「**語言**」的結構。

語言的結構

為什麼是「語言」呢？因為「**語言＝思考**」——這就是他們的回答。不過，如果沒有經過一番冷靜思考，或許很難同意這個回答。

其實，我們的思考全部都由語言所構成，我們沒辦法不使用語言來思考事物。要是你覺得不可能，那就實際來試試看。不管你思考什麼、如何思考，一定都會形成像是「□□是××……，因此，由於○○……」這種感覺的語言形式。

但其實這件事本身，根本就沒什麼好奇怪的。因為所謂的思考，就是在下達「依照規定下的規則來操控語言」的命令。正因如此，所以「語言＝思考」。無法化為語言的東西，也不能化為思考，而無法化為思考的東西，也不能化為語言。

好了，先不管你是否同意「語言＝思考」這個公式，至少你已經知道有這種觀點，而以這個觀點為前提的話，就可以明白，為什麼哲學家打算找出「語言的結構」了。簡單來說，就是這麼回事：

1. 該不會其實「語言＝思考」吧？
2. 若是如此，那只要分析各式各樣的「語言」，並找出隱藏其中的「共同的結構」、「普遍的結構」，就等於是找出思考的「結構」了！

3. 也就是說，只要分析古今中外語言的「結構」，就能更深入理解人類的思考了！不對，何止如此，或許還能利用這個結構，創造出新的思考體系跟新的哲學！唷呼！

實際上，有位名叫索緒爾（Ferdinand de Saussure）的語言學家，就使用了這個做法。他提出了劃時代的理論：「所有的語言都隱藏著一種叫做『差異的體系』[1]的普遍結構。」並成功開拓了新的學術領域，而索緒爾這位語言哲學家，因為找出了語言的結構，藉此在哲學史上占有一席之地。

在這種背景下，又加上有了這個成功的例子，於是當時的哲學界掀起一股分析語言結構的熱潮。此時，出現了一位最強的語言哲學家。他就是奧地利語言哲學家維根斯坦。

1 指語言是用來「區辨」某種東西與另一種東西。詳請參考《史上最強哲學入門》二六三頁。

怪人維根斯坦

如果要用一個詞確切形容維根斯坦這個人，那應該就是「怪人」了。

首先，他的爸爸是個大富翁，在鋼鐵業獲得巨大的財富。他從小就過著富裕的生活，住在一個叫做「維根斯坦宮殿」的超級大豪宅裡（那位有名的音樂家布拉姆斯（Johannes Brahms），甚至還在這裡進行音樂會的初演）。儘管如此，維根斯坦竟然打算放棄所有的財產（除此之外，他曾想去當修道士，還在俄國革命後，前往當地的貧窮村莊，過著極其貧窮的日子。看來他似乎很嚮往貧窮的生活）。

好了，這樣的一個人，開始進行哲學研究，卻突然宣布：「我解決了所有哲學的問題！我已經讓哲學完結了！」任意說了這些話，接著隱居鄉下，去當一名小學老師。

補充一下，之後他將這套哲學寫成了博士論文。羅素（Bertrand Russell）也參與了論文的審查，羅素是一位偉大的數學家、哲學家，甚至還得過諾貝爾獎，不過維根斯坦在羅素審查時，拍了羅素的肩膀說：「不用擔心。反正你怎麼看都看不懂。（笑）」大家也學學維根斯坦，在畢業論文發表會上，試試看對教授這麼做吧。

好啦，個性這麼傲慢的維根斯坦，根本就不可能做好小學老師。他的這種個性馬上就引發問題，跟家長起衝突。大家都在背後說他瘋了，最後，他把回答不出問題的學生打到昏迷，於是就被學校辭退了。

在這之後，他又回到了大學。「我之前說過我已經讓哲學完結了。那是騙人的。」他說了類似這樣的話後，再度開始進行哲學研究，並再次提出了在哲學史上舉足輕重的偉大哲學。

維根斯坦大致上就是這樣的一個人，無疑是個天才，但我們應該不希望身邊有像他這樣的朋友。人們經常將他的哲學分為「前期」與「後期」。剛才在描述他的經歷時，提到他宣布「我已經讓哲學完結了」，這個時候是「前期」，而他說「其實我弄錯了」，再次進行研究的時候，則是「後期」。

以下將分別介紹這兩個時期。

前期維根斯坦

首先介紹前期。前期的維根斯坦，對語言下了這樣的定義。

1. 世界是事實的集合。
2. 語言是在記述這份事實。

3. 因此，語言是反映出世界（事實）的鏡子（樣貌）。

這個定義適用於所有語言，不論是日文、英文、還是未開化社會的語言都一樣。總之，用結構主義的話來說就是，維根斯坦認為語言中所含有的普遍結構，就是「**記述世界的事實**」。

嗯，這點不太會有人提出異議。倒不如說，「語言是用來表示事實的」這點理所當然。因為，「那裡有蘋果」這句話，當然就是要表達「那有蘋果」這個事實啊。

這樣的話，那為什麼這麼理所當然的事，一件連國中生都想得到的事，能讓他成為一位偉大的語言哲學家，並且名留青史呢？

那是因為，從這個出發點所導出的結論，實在非常極端，而且還「將沒人敢說的話，徹底講了出來」。

他說了什麼呢？用直接一點的方式來講，就是這樣。

「哲學根本就沒有意義啦（笑）。其實啊，哲學家從以前到現在嘴裡嘟嚷的那些理論，全部都只是弄錯了語言的用法，而產生出的『一連串無意義的文字』而已。事情就是這麼一回事，所以哲學就結束了。好啦，解散解散。」

這是怎麼一回事呢？首先，如果語言的功能是記述事實，那麼，不管哪種語言（文章）都必然對應到某些事實。反過來說，如果有語言沒有對應到任何事實，這就已經不是語言了，就只能說是「一連串無意義的文字」而已了。

舉例來說，請想想「嘿梅羅培卡培卡」這樣一句話。這句話很明顯沒有對應到任何事實。因此，這句話「只是組合任意的文字的無意義排列」，並不是語言。

總之，這件事告訴我們，「與事實的對應關係」的有無，就是「是否為語言」的判斷標準，到現在為止，應該都不會很難懂，大部分的人也都能贊同。

那麼，把這點當作基礎，現在來問問大家。

「神存在」這句話是語言嗎？

首先呢，所謂的神，如果是超乎事實的，或是無法確認真假的，那麼根據剛剛的判斷標準，這句話就不是語言了。也就是說，這句話就跟一連串無意義的文字「@%Q#P$」是同樣的水準。這樣一來，「神是什麼？」這句話，當然也會是「一連串無意義的文字」，以及對於這個問題的回答……不對，何只如此，甚至是關於神的所有句子，都只不過是「一連串無意義的文字」了。

那麼，「我愛他」又如何呢？

這句話乍看之下，感覺對應到了事實，但是實際上卻沒有對應到。這是因為，如果要在真正的意義上論述「事實」，就應該這麼講才對：

「○年○月○日○時○分○秒，他的影像突然出現在我的視網膜上，這個刺激信號活化了腦內的特定部位，這個部位分泌了大量的化學物質，於是我的心跳加快了。」

這是實際發生的事，也就是所謂的「事實」，所以應該要用正確的方式論述，讓語句對應到「事實」，只有用這種方式論述的語句，才可以稱為語言。

相反的，「我愛他」這句話，則脫離了事實，沒有對應到事實，所以也是「一連串無意義的文字」，並不是語言。

儘管如此，有許多的人——而且還是哲學家這種人種，都很喜歡談論「神是什麼？」「愛是什麼？」這類的事情。

全都無效！全都是錯覺！

之所以會產生這些語句，全都是因為沒有搞清楚語言的本質、語言的使用方式，充其量只是一些無聊又沒有意義的閒聊而已。

所謂的語言，一定得是「對應到事實的事物」。除此之外的事物，例如像是愛、自由、絕對精神等等這些都是「沒有對應到事實的事物」，而一直談論這些事物的那些厚厚的哲學書，全部都跟貓在鍵盤上玩耍，偶然間形成的文字排列，是一樣的水準！

「誇 w 思 drftgy 副吉可 lp」

就只是文字用無意義的方式排列，一堆胡言亂語罷了！

維根斯坦大概就是用這樣的方式，將以前到現在的哲學完全否定，而他的這份主張，則是用以下的格言作結。

「凡是不能說的事情，就應該沉默。」

這句話感覺還滿酷的，而且也很有名，提到維根斯坦就會讓人想到這句話，我覺得這句格言非常棒，是經過精心思考而成的。

前面已經說過，維根斯坦之所以會揚名於世，在於「徹底說出了不該說的事情」，而且不只是這樣，他還將這些事情「用非常完美的邏輯來論述，一絲破綻都沒有，是外行人根本就辦不到的程度」。也就是說，找不到可以吐槽的地方，已經到驚人的地步。

如果維根斯坦是個平凡的外行人，可能就會這麼寫：

「所以，神根本就不存在。愛根本就不存在。因為不能說的事情不存在，所以就不能說。」

要是這樣寫的話，那些愛刁難人的讀者一定會這麼吐槽：

「咦？雖然你這麼說，但是你不就在說不能說的事了嗎？（笑）」

「不能說的事情是不存在的。理由在於……」就在這麼說的時候，就會受到這樣的批判：「你說了不能說的事喔。」維根斯坦並未犯下這種愚蠢的錯誤。簡單來說，關於神與愛那些「不能說的事情」的有無，這種危險的論點，他一概不提，只把論點聚焦在「語言是什麼、語言可以說的範圍到哪裡（人類可以在語言上思考的範圍到哪裡）」，只針對這點進行嚴謹的論證——這就是他採用的策略。

總而言之，他要說的就是：

「神啊愛啊那些不能說的事情，到底存不存在，我才不知道咧。反正用語言不能說的事情，就不能用語言來說啦。這就只是語言表達的範疇問題而已。所以不要問我『那些不能說的事情，還是有可能存在於世界上？』、『你能斷定絕對沒有這些東西嗎？』。那些事情我才不知道咧。我說的只不過是，語言擁有這種性質，所以語言就只能說這些範圍裡的事情。就是這麼回事啦，你們這群哲學家，不能說的事情是不能說的，所以不準說啊混蛋（要說也可以，但是就不會構成語言了，我會直接當作是意義不明的文字喔混蛋）。」

要是對方說了這種話，要回嘴就很難。這就好比對方說「紅色是紅色，所以是紅色」一樣，實在再自然不過了，所以根本無法回嘴。說到頭來，維根斯坦的主張，就只是這樣而已：「能說的事情就能說。不能說的事情就不能說。」

當然，還是有辦法否定這項主張的。只要推翻維根斯坦對語言的定義（只有對應到事實的事情才是語言）就好了。但是，這樣一來，就等於是宣告：「我說的話沒有對應到事實！」這也實在無法令人接受！

真是顧慮周到。維根斯坦就像下詰將棋[2]般，最後啪的一聲，下出一手讓人沒有絲毫轉圜空間的棋，將對方徹底擊潰。

話雖如此，不過「凡是不能說的事情，就應該沉默」這句話，或許是因為太有名了，所以有各式各樣的解讀方式。例如像是：「這句話的意思是說，不要勉強去說不能說的事情，而能說的事情就盡量說，所以說到最後，就是叫人要展現出不能說的事情。也就是說，雖然維根斯坦沒辦法去說那些不能說的事情，但是他想說那些事情是『存在的』。」

好了，以上這些就是維根斯坦前期的哲學，而他到了後期時，則說前期的這些主張是他搞錯了，就這樣斷然捨棄。

後期維根斯坦

接下來要介紹後期維根斯坦。是什麼原因讓維根斯坦覺得自己前期的想法是錯的呢？聽說是發生了這麼一回事。

有一天，維根斯坦的一個朋友去找他，這個人對著他搓搓下巴，說：

「這是什麼意思咧？」

這件事大大震撼了維根斯坦。「搓搓下巴」這個動作，當然跟世界上的任何事實都沒有對應。所以，用他前期的哲學來說，這個動作就不會是語言，是一種意義不明的行為。可是，「搓搓下巴」這個動作，在他居住的地區是代表「侮辱對方」的意思，而維根斯坦也徹底了解其中的含意。

沒有對應到任何事實的舉動，卻具有意義，並且讓對方也明白了其中的意思。前期的哲學明顯無法說明這個情況。

2 一種採用將棋規則的益智遊戲。

這件事讓維根斯坦開始覺得他前期的哲學有問題，於是他又重新思考語言的定義，而他新的語言定義又是什麼呢？維根斯坦這麼說：

「語言的意義，取決於語言的使用。」

這就是維根斯坦定義語言的其中一節，而這個定義相當有名，人們將他這個主張稱為「**意義即使用**」。不過，這樣的敘述有點難懂，所以試試看換成這個方式說：

「語言的意義，取決於使用的方式。」

再換個更容易理解的說法：

「語言的意義，是用情境來決定的。也就是說，在不同的情況下，語言的意思會有所改變。」

舉例來說，現在請想想「水」這個詞。如果用他前期的哲學來看，這個詞會對應到現實世界的「水」，所以這個詞很明顯只有一個意思。換句話說，要是說「水！」就會變成這樣：「這當然就是在說現實中的水啊！」

然而，實際上對話的時候，「水」這個詞不一定都會直接指現實中的水。比方說，一個人倒在沙漠中央，表情猙獰，拼盡全力說出「水！」的話，他講的這個詞就不會是指「現實中的水」。在這個情況下，這個詞應該要解釋成「請給我水喝」的意思。

除此之外，小孩把裝著水的杯子放在桌邊，全神貫注地看電視，媽媽對他說「水！」，在這個情況下，媽媽講的這個詞也不是單純指「水」，而應該要解釋成「水要打翻了，小心！」的意思。

我們可以從這些例子明白，雖然都只講了「水」這個詞，但是在不同狀況下，意思各不相同。

事實上，要是有人問你以下的問題，你應該會無法回答。

「花子對天空高舉著拳頭，一邊哭喊一邊大叫：『水！水！水——』那麼，花子叫的這個詞，到底代表什麼意思呢？」

如果這個問題出現在小學的國語考卷上，你一定就會這樣回答。

「如果根據前期維根斯坦的說法，這個問題或許會有個肯定的答案，但是，如果沒有稍微說明一下，花子實際上是在什麼樣的情況下使用這個詞的話，就不會有個肯定的答案。」

這是因為，按照後期維根斯坦的說法，「水」這個詞本身並不具有意義，意義是根據使用時的情況來決定的。

好啦，所以現在應該可以了解，其中的關聯性是這樣的：「語言↓使用情境↓意義」那麼，這份關聯性是怎麼決定的呢？

對於這一點，維根斯坦的說明是：「決定的方式沒有什麼特別的根據，只是在各個文化圈中，偶然間就剛好這麼決定了而已。」

這樣說也沒錯啦。舉個例子，像剛剛說的那個人，在沙漠中央痛苦地說：「水！」在這個情況下，其中的關聯性就會是這樣：

「（語言）水↓（使用情境）在沙漠裡痛苦地說↓（意義）想要喝水」

而實際上，這份關係是毫無根據的。這只是因為，說話者生活的那個文化圈裡，有著「在這種情境下，一般都會這麼說喔」這樣的「約定成俗（習慣的規則）」，所以說話者才說出了那樣的話，而聽者也生活在一樣的文化圈裡，所以才會明白對方在說什麼。

那麼，假如去問一個另一個文化圈的人，結果會如何呢？

「如果無法滿足求知欲，就會痛苦得死翹翹喔。所以，如果有人在很痛苦的狀態下，說出專有名詞，就表示他很想要知道**這個詞是什麼意思**。」

這個人肯定就聽不懂剛剛那個人所說的話。

「水……水……」

「喔！你想知道水是什麼對吧。水呢，化學式寫成H_2O……」

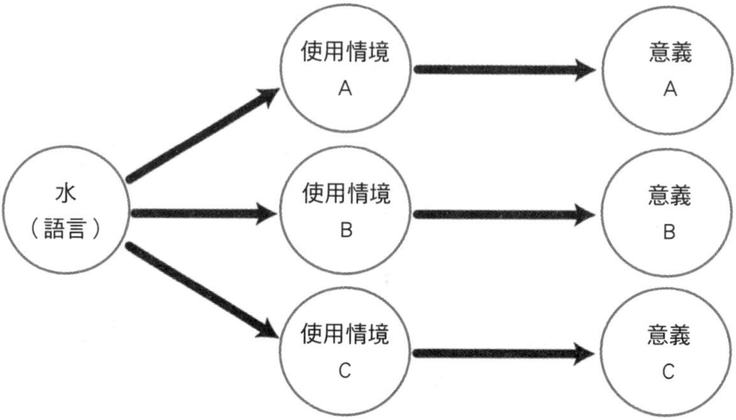

根據後期維根斯坦的主張，同樣一句話（語言）在不同情境下，會有不一樣的意義。意義無法單靠語句（語言）決定。

【圖4-4　意義即使用】

當然，這個人並沒有錯。只不過是剛好在一個完全不同的文化圈中，「語言→使用情境→意義」的關聯性不一樣，所以才聽不懂的。

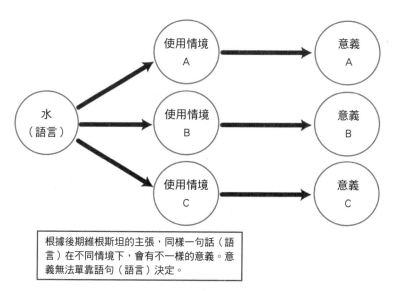

總而言之，就算是「一樣的話」、「一樣的情境」，也不一定會產生「一樣的意思」，對於生活在不同的「約定成俗（習慣的規則）」的文化圈裡的人來說，意思就會有所不同。（參考圖4—4）

再想想剛剛說過的「搓搓下巴」的動作，應該就會更清楚了。看著對方的臉，再「搓搓下巴」的動作，在維根斯坦生活的文化圈中，含有侮辱對方的意思，但當然也有一些文化圈，並不帶有這樣的意思。也就是說，之所以會有「搓搓下巴→侮辱」的含意，並不是基於一個「絕對非這樣不可」的根據，只不過是因為「這個地區的人們，剛好在習慣上賦予了這樣的含意，所以才會形成這種情況」而已。

好了，把以上說的統整起來，就是下面這樣。

1. 語言的意義，取決於使用時的情境。
2. 但是，「語言、使用情境、意義」之間的關係，並不是基於一個「絕對非這樣不可」的根據上。
3. 語言的意義，只是一種習慣性的東西，是各個地區（文化圈）的人們，在日常生活中碰巧、偶然間、隨意地決定出來的。

而維根斯坦接著再使用了「語言遊戲」這個用語，將語言的這種特徵（結構）繼續深究下去。

語言遊戲是什麼？

「語言遊戲」這個哲學用語，意思就跟字面上一樣，表示「語言是一種像遊戲般的東西」，而這就是維根斯坦獨特的語言觀。

為什麼說語言是「遊戲」呢？在回答這個問題之前，首先，先想想「遊戲」是什麼？遊戲可以想成是「一定規則的集合」。

用棒球來當例子吧。正如大家所知，棒球有許許多多的規則。打到球就要依序往一壘、二壘、三壘，最後跑回本壘，跑回本壘就得一分、三次揮棒落空就出局等等。集合了許多這類的規則，才構成了棒球這種遊戲。

但是呢，如果有人問這些規則有什麼根據，我們很難回答。

「打到球以後，為什麼要跑到一壘？直接往三壘跑不是也很好嗎？」

要是被人問到這種問題，實在不知道要怎麼回答。只能對他說「規則就是這樣」。如果對方還繼續死纏爛打地問：「欸，為什麼啊？為什麼是這樣啊？」我們也只能說：「吵死了啦！我就說是規則了！如果你想加入這個遊戲，就閉上你的嘴，乖乖遵守這些規則！」

也就是說，遊戲這種東西，是由多個規則所構成的，而這些規則並不是出於「非這樣不可的一種根據」，講得直接一點，遊戲就是「由規則的集合所構成的，而這些規則只是碰巧、偶然間形成的」。

而維根斯坦說，語言也是如此。

語言也有許許多多的規則。說到「ㄆㄧㄥˊ ㄍㄨㄛˇ」這個音標，就是指「現實世界的蘋果」，這是在同樣文化圈的人們之間的一種約定（規則），而按著肚子講「ㄆㄧㄥˊ ㄍㄨㄛˇ」，就表示肚子餓了想要吃蘋果，這也是一個約定（規則）。而且，這些規則並不是基於「非得這樣不可」的根據，事實上，同樣的東西在別的文化圈，可能會是完全不一樣的意思，彼此是無法溝通的。

簡單來說，語言也跟遊戲一樣，是「由規則的集合所構成的，而這些規則只是碰巧、偶然間形成的」，我們踩在這些規則上，彼此進行意義的互換。

那麼，就算語言是由毫無根據的規則聚集而成，就像是遊戲一樣的東西，那又怎樣呢？

接下來，維根斯坦將導出一個非常「極端」、出人意料的結論。那就是——

「語言就像遊戲一樣，只是由毫無根據的規則所組成的，
哲學家一直拼命思考的『真理是什麼』、『善是什麼』之類的命題，
全都是在毫無根據的規則框架裡思考。
也就是說，這些主張全都只是一場遊戲而已，
等於就只是一堆無聊的、亂講一通的閒聊內容而已。」

這邊稍微做一下整理。

首先的大前提是，人類是用語言來進行思考的。也就是說，前提是「思考＝語言」。但是，語言的本質，是毫無根據的規則集合，如果說「語言的意義」是由這些毫無根據的規則所訂定的，那麼，人類不論堆砌多少語言，努力導出「答案（意義）」，這個答案也不過只是「從毫無根據的規則裡導出的答案（意義）」而已。

因此，只要語言的本質沒有改變，那麼，人類不管經過多少思考，都無法得出普遍且客觀的答案（意義）。

所以，反覆堆疊了許多言詞、嘟噥至今的哲學，全都無效啦——就會變成這樣的結果。不過，可能還是有點難懂。那麼，這邊就用剛剛說過的棒球來比喻看看吧。

假設有個這樣的命題。

「用球棒打到球以後，跑到一壘。這個行動到底是不是正確的呢？」

如果單純對照棒球規則，那這個命題的答案就會是「正確」。但是，如果深入追問：

「這個答案真的不會有錯，且具有普遍性、客觀性嗎？」

如果有人問到這個地步，那我們也只能這樣回答了：

「只能說，以我知道的棒球規則來說，答案會是『正確』的。如果有種棒球的規則是要直接往三壘跑的話，那剛剛那個命題的答案，就會變成相反了。」

如果這時對方又繼續這麼問，你會如何回答呢？

「那麼，『用球棒打到球以後，跑到一壘。這個行動是正確的嗎？』這個命題，有可能導出具普遍性與客觀性的答案嗎？」

對於這個問題，肯定也只能這麼回答了吧。

「不可能。不管再怎麼討論、再怎麼思考，都是不可能的。畢竟這都取決於遊戲吧？要看是要用怎樣的遊戲規則來回答這個命題，才能知道是『正確』還是『不正確』，所以，要從這個問題得出一個具普遍性及客觀性的答案，本身就是一種愚蠢的舉動了。」

的確就是這樣。反過來想想看吧。有一個來自陌生國家的人，突然出現在你面前，對你說：「我們國家有一種叫索區的遊戲就不是這樣！真要說起來，我們甚至根本就不會去打那顆球！所以這個命題絕對不正確！」你應該會覺得：「你在說什麼啊？」那只是因為你們那邊的規則剛好是那樣，所以命題才剛好變成是不正確的而已。講直接點，就是自導自演。任何人都可以很清楚地看出，他的主張完全不具普遍性與客觀性。

但是，他卻沒有發覺到這件事。他對於你「完全不具普遍性與客觀性」的指正，氣得面紅耳赤，大聲怒罵。甚至還拿出了厚厚的書，上面寫著好幾百頁密密麻麻的字，開始對你訓話。

「你看，連大名鼎鼎的○○大師，也這麼寫！話說，你看過這本書嗎？這是基礎的文獻耶！連這本書都沒看過的傢伙，不準用一副自以為了不起的態度談論這個命題！」

不不不。已經完全離題了。重點根本就不在這裡。不管這本書有多基礎、有多偉大，也一點關係都沒有。因為打從一開始，「要從這個命題得出一個具普遍性及客觀性的真假值，本身就已經有問題，就已經是不可能的了」。

好啦，到了這邊你應該也已經懂了。簡單來說，維根斯坦的意思就是：

「那名『深信遊戲裡的正確是具普遍性、拼命想要說服人的、會錯意的男子』跟『哲學家』是一樣的。」

歸根究柢，如果語言的意義是「毫無根據的規則集合」——也就是「遊戲」——來決定的，那麼，不管是什麼命題，只要去追求這個命題是「正確」還是「不正確」，都是不會有結果的。因為只要提出不同的遊戲，就可以輕易推翻掉命題的真假值。而哲學這項工作，就是藉由一句又一句的話（語言），來追求具普遍性、客觀性的真假值，所以哲學這項工作從一開始就是錯的、是不可能成功的。

儘管如此，哲學家卻相信能辦得到這點，並且一直提出一句又一句的「語言」。

全都無效！全都是錯覺！

換句話說，維根斯坦把人類花超過二千年，拼命累積下來的龐大的哲學書海，用一句話——

「語言遊戲。」（笑）

就全部化為烏有了。

讓哲學結束的哲學

這邊再帶回到結構主義。用結構主義的方式表達的話，後期的維根斯坦就是找出了這樣的結構：

「語言是由毫無根據的規則所構成。」

換個方式說，就是：

「語言的規則（含意、文法規則）出自整個文化圈的習慣，只是偶然之下的產物。因此，語言不具有『非得遵循的規則』這種堅定不移的普遍性結構，這就是語言的普遍性結構！」

維根斯坦得出了一個非常諷刺的結論。

而在此之後，哲學界進入了一個混亂的時代。也就是說，即使發表一篇好幾萬字的大作，努力探討善、正義、真理，也可能會被一句「語言遊戲」就輕易擊潰。結果後期的維根斯坦，還是提出了一套讓哲學結束的哲學。

貴志　「語言遊戲（笑）。結果不管是正義、真理、還是什麼正確的事物，全都取決於是什麼遊戲嘛。那些哲學家都沒發現這點，還一直反覆去講那些東西，拼命追求普遍性的答案，哲學家都是一堆笨蛋耶（笑）！」

媽媽　「嗯？在講遊戲的事嗎？那你想玩什麼遊戲呢？你覺得什麼遊戲最好玩呢？」

第五章

哲學中的後結構主義

德希達

Jacques Derrida

「不分東、西方或未開化的地區，把所有區域的東西全部都放在一起，從中找出『普遍的結構』，藉此來掌握事物的本質。」結構主義吸引了各種領域的專業人士，在全世界掀起一股熱潮。

但是，熱潮是會退去的。最後，結構主義因為下面這兩個理由，開始日漸衰微。

其一，**哲學活動徹底破裂**。分析語言的結構後，不只沒有出現好玩的東西，甚至還讓結構主義本身（以及歷來的所有哲學）徹底破裂。

一開始，結構主義是這樣的感覺：「藉著分析語言，找出其中的結構，應該會有一些劃時代的新發現喔！應該可以迫近人類語言（思考）的本質喔！」於是讓人對它抱有期待，但結果就如上一章所說的……

「語言是由毫無根據的規則（各個文化圈的社會習慣）所構成的，不管再怎麼運用語言，都不可能得出『具普遍性的答案（一種通用的答案，對於別的擁有不同習慣的社會裡的人也適用）』。」

出現了這種不怎麼好玩的負面結果。

如果真的接受了這個結果，那麼哲學家這類人種，全都要被當成垃圾丟掉了。因為「運用語言（思考），找出隱藏於事物背後的普遍答案（真理、結構）」就是哲學家的工作。要是這件事根本就是不可能的話，就真的無能為力了。

總之，根據結構主義所進行的語言分析，讓大家期待落空了。別說要發展結構主義（以及歷來的所有哲學）了，甚至還導出了「追求這些東西只是徒勞無功唷」這種赤裸裸的分析結果。

其二，**沒有標準的研究法**。大家漸漸發現，要把什麼東西當成結構，全都由當事人自己來決定。

結構主義是將古今中外的事物都放在一起，從中找出普遍的結構，這種思考方式確實很實用。不過，找出的這些結構，要如何保證是對的、恰當的呢？

把這個疑問再講得更直接一點就是：

「結構主義者找出的那些結構，根本就只是亂扯一通、只是自以為的吧？如果不是的話，現在就證明給大家看啊，快啊快啊。」

好啦，對於這份懷疑，結構主義又會怎麼回答呢？

從結論上簡單來講，答案是「無法證明」。非常遺憾，對於這種特意要找人麻煩的問題，結構主義無法給出一個有效的回答。換句話說，結構主義對於「這只是亂扯一通的吧？」這種吐槽，只能很弱的回答：「是，有可能只是亂扯一通的。」

這是為什麼呢？原因在於，結構主義這種研究方法，真要說起來，其實在找出結構的方式上，並沒有一個可以當作「標準」的正確方式。

沒有範本會有什麼問題呢？反過來想就會懂了。舉個例子，假設結構主義有一個「用來找出結構的正確方式（標準）」。在這種情況下，把古今中外的〇〇放在一起看時，只要按照這個標準來著手，不管是A先生還是B先生，都可以找出相同的結構。在任何人的分析之下，都會得出一樣的結構，而當有人分析出了某種結構時，結構主義者都能夠自信滿滿地說：「這就是〇〇的『普遍的結構』！絕對不會有錯！」

但是，現實中卻沒有這樣的標準。這麼一來會如何呢？因為沒有一個標準，所以A先生會用A先生自己的一套做法，B先生會用B先生自己的一套做法，也就是說，每個人都只是靠自己來決定，用隨意的方式抽取結構而已。結果這樣一來，就會變成個人的感覺問題，於是結構主義就只能說：

「把古今中外的〇〇放在一起進行分析的結果，找出了如此這般的『普遍的結構』。雖說如此，但是這『只是我自己的感覺而已』，也有可能只是亂扯一通的……」

在結構主義剛登場的時候，就算有這種問題，大家也覺得無所謂。例如，把古今中外的「神話」放在一起看，從中找出某些共通點，「這些就是神話的普遍結構！不管在哪個地區，人類的原始故事裡，都隱藏著這種普遍的結構！」一開始有人發表這項研究時，對大家來說很有新鮮感，也深具震撼力，所以大家都拍手叫好，接納了這種論點。但是在這之後，隨著時間推移，「原來如此，這種方法真好玩，那我們也來試試看吧。」出現了一百位學者，各自用自己的方式找出結構，並著手寫了論文，如此一來，會發生什麼事呢？要著眼於何處、要將什麼視為共同點，全都由每個人自己決定。不用說，結果就會出現一百種論文。

「在這種場景下，就一定會出現這種動物，所以我認為神話具有這種結構！」

「我認為，裡面人物的男女比，具有這種結構！」

這麼一來就一發不可收拾了。到底哪篇論文才是正確的呢？要說全部都是正確的，好像也不太合理，而且要是論文多達一百篇的話，多少也會出現彼此矛盾的內容。

那麼，要如何從這些論文當中，鑑別出「確實找出結構的論文」跟「單純只是個人自以為是的論文」呢？雖然很想這麼問，但這是不可能的。因為沒有人知道「找出結構的正確方式（標準）」，也沒有人知道該怎麼建立起一套標準，所以實在是無能為力。

好了，現在就產生問題了。之所以會把結構主義當做方法論，本來是為了要藉此明白事物的本質，結果隨著時間經過，卻漸漸出現了許多莫名其妙的狀況。

「這是○○的結構（本質）！」
「不對，這才是○○的結構（本質）！」
「不對不對，這才是○○的結構（本質）！」
「不對不對不對，這才是……」

因為沒有一個不可動搖的標準，所以每個人都用任意的方式來找結構，結構不斷地冒出來，永無止境。結構A、結構B、結構C……結構Z。到底哪個才道出了對象的本質呢？總而言之，有一件事可以確定，那就是，這些所有的結構，在角落都寫著小小的警語：

「※以上純屬個人言論。」

不對啊，這樣不對吧。就算集結了再多寫著這種警語的論點，也還是無法構成一門學問，而且也無法得出事物的本質。

當然，這樣一來，大家會說：「那就找出那個標準不就好了？」但是很遺憾的，這點被維根斯坦明確否定了，他說：「沒有這樣的標準（用來找出結構的一種正確方式）。」

維根斯坦的悖論

以下就是維根斯坦設計出的一個有名的例子，人稱「維根斯坦的悖論」。

1、3、5、7、9、11、13、□

好了，這裡有一串從1開始的數字集合，而這個數列是用什麼規則排列的？最後的□裡面又會是什麼數字呢？我們一般都會回答：「這是奇數的數列，最後的□裡會是15。」因為這個數列怎麼看都只有奇數，而13的下一個奇數則是15。

但是，這個答案是錯的。正確答案是14。為什麼呢？因為，其實這個數列背後的規則是「晴天就寫奇數，雨天就寫偶數」。也就是說，有七天都是晴天，所以連續都是奇數，可是第八天下雨了，於是第八個數字就變成偶數。所以答錯了。

大家或許會覺得這樣很奸詐。不過，因為事實真的就是這樣，所以也拿它沒辦法。真要說起來，雖說連續出現了七個奇數，但是因此就覺得這是奇數的數列，且第八個數字也會出現奇數，只不過是一種自作主張而已。

好啦，維根斯坦想藉由這個例子告訴我們：

「光是把東西放在一起看，無法找出一個絕對正確的規則。」

也就是說，把數字放在一起看，不管奇數連續出現七次、一百次、一億次，也都無法說「這個數列的規則就是奇數。所以下一個數字也是奇數。這點是絕對正確的」。「把一些東西放在一起看，找出其中共同的某些規則」的做法，絕對無法獲得絕對的知識。

「人類無法藉由比較多個對象，而從中找出絕對的規則。」

維根斯坦導出的這份主張，用的例子彷彿像是小孩般幼稚、故意挑人錯誤一樣，不過，如果用這個悖論的主張來思考的話，結構主義的立場就岌岌可危了。

因為，這樣一來，將古今中外的事物放在一起看，從中找到的規則、結構，就絕對不是確實正確的了。換句話說，「使用結構主義來了解事物的結構（本質）是不可能的」，再講得直接一點就是「結構主義是沒有用的東西」。

當結構主義正流行的時候，大家還會覺得不錯。但是，當這種哲學的新鮮感淡掉，熱潮退去以後，許多人發現了這些問題，而結構主義的熱度就一口氣冷卻了下來。

後結構主義

好了，以上就是結構主義衰微的理由，那麼，下一個時代到底會出現什麼「○○主義」呢？在這之後，出現了一門稱為「後結構主義」的哲學，開啟了以此為主流的時代。

補充一下，這邊出現的「後」這個字，是「下一個」的意思。因此，「後結構主義」就是「結構主義的下一個哲學」的意思。

咦？不對啊，等一下。這樣的話，這個詞根本就沒有提到任何內容嘛。這樣簡直就像是，當你問對方：「結構主義下一個哲學主張是什麼？」結果對方卻回答你：「就是結構主義的下一個。」結果「結構主義的下一個（後結構主義）」到底是怎樣的哲學啊？

可是，「後結構主義」這種「沒有內容」的名稱，事實上非常正確。這是因為，在結構主義之後，人類就再也沒有出現一門形成熱潮的哲學（主義）了。

當然，在結構主義之後，還是有哲學家。而且多如繁星。不過，這些哲學家各自都只在專門、狹窄的領域裡，提出繁雜、難懂的論點，並未出現任何一門具指標性的哲學派別，足以掀起一股熱潮，決定全世界的哲學方向。

因為這樣，所以就不像「存在主義」、「結構主義」這樣，從名稱就可以讓人清楚知道各自的方向，而是使用「結構主義的下一個」這種「模糊不清的名稱」。順帶一提，「現代（現在）」就正處於「後結構主義」的時代。換句話說，我們活在一個沒有一門指標性哲學席捲世界的時代。

雖說如此，但是「後結構主義（結構主義的下一個）」的說法，會讓人無法理解，所以勉強來用「〇〇主義」的說法描述看看吧。將結構主義結束之後的時代——也就是「現代」——的眾多哲學家，硬是非常粗略地概括而論，大概就會是如下的主義。

「真理批判主義。」

喔！這是種非常諷刺的主義。因為哲學說起來，就是一門從事物（世界）中找出真理（本質、結構）的學問。而批判真理的存在，就等於是完全否定了至今在哲學上所做的所有努力。

就這點來說，「真理批判主義」也可以換成這個說法。

「反哲學主義。」

好啦，感覺變得愈來愈怪了。我們一路上辛苦追著哲學的歷史跑，好不容易終於到了我們活著的時代——「現代」，但是現代竟然卻是個「否定哲學自體的時代」。

在這個反哲學主義（後結構主義）的時代裡，最有代表性的哲學家就是德希達。

反哲學的出現

話說回來，為什麼會出現反哲學（真理批判）呢？簡單來講，這是因為大家已經對追求真理感到「厭煩」了。

只要翻閱哲學史就會發現，人類從古老的時代開始就在追求真理，一路至今。所謂的真理，也就是石頭啊、山啊這些看得到的東西之上的東西，例如說，絕對的正確性、原理、結構、本質、意義、價值……等等，即一般所說的，看不到的「某些東西」。人類一直以來，都為了得到這種「看不到的某些東西」而卯足了全力。

實際上，科學也是如此。正因為科學不把看得到的現象，直接用看起來的樣子去掌握，而是去追求在這之上的東西（真理），所以才能夠發展到現在這個地步。

「蘋果掉下來了。」

「那橘子會用什麼方式掉下來呢？掉下來的速度是怎麼決定的？有沒有一個普遍的原理，可以適用於所有掉下來的東西呢？」

「有A」→「就是A」，哲學家不會這樣思考，而是去問：「發生了A這件事，在這背後是否隱藏著某些普遍的原理（本質）？」相信世界上有某些「未知的祕密」、「普遍的原理」，並努力將這些東西找出來。不只是哲學、科學，其實所有的學問都是這麼進行的——從看得到的事物中，找出看不到的真理（本質、原理）。

但是，很遺憾的，這項追求真理的工作，卻以失敗告終。就像前面所說的，最新最強的哲學——結構主義，徹底地破裂了。

另外，人類擁有能夠毀掉文明的凶狠武器，這點也跟不再探究真理有著很深的關係。若說世界是為了追求真理（唯一正確的事物、真正的宗教、理想的政治理念）而引發爭端的，那麼這點就是個致命傷。人類在戰爭中使用凶狠的武器，把地球搞得亂糟糟的。

所以，現在已經跟以前不一樣了，為了強力主張自己的意見，甚至不惜起衝突，這樣的作風現在已為人所棄。而下面的思考方式，成了世界（知識分子間）的主流。

「尊重彼此的觀點吧。」

「我們要珍惜多樣性。」

這樣一來就沒救了。人們對於追求真理一事有所忌憚，對真理的熱情也降低了。但是，比起為了追求真理而導致毀滅，這種情況怎麼想都好得多。現在已經不需要蘇格拉底。在齊聚了各國代表的國際會議上，突然站起來說：「大家一起討論何者才是真正的神吧！」會說這種話的傢伙應該要視為危險人物，加以排除。

好了，聚集了以上這些時代背景後，接下來就只有等待一個會說下面這種極端又幼稚的話的人出現了。

「既然這樣，那我們就不要再追求真理啦！（笑）」

等待一個人可以若無其事地講出這種，在稍早之前時代的人們還無法想像的事情，等待一個新時代的哲學家。出身於法國統治下阿爾及利亞的德希達，在這種時代背景下出現，成為下一位最新最強的哲學家。

難懂的德希達

順帶一提，我對德希達很沒轍。這是因為，他的書難讀到死。

只是，為了不要讓人誤會，必須說清楚，這並不只是我的想法。德希達的文章是有名的難懂，說到德希達，就想到難懂，說到難懂，就想到德希達——甚至到了這樣的程度。一般來說，不管是哪位哲學家的著作，難度都很高、都很難懂，不過，連平常在看這些書的人，都說「德希達很難懂」，從這點就可以窺知一二。

雖說如此，不過德希達的書之所以很難懂，其實大有原因。說起來，為什麼大家會說德希達很難懂呢？原因在於，他故意把文章寫得意思不清不楚。也就是說，一般都是把文章裡的意思寫得讓讀者看得懂，但德希達卻相反，他反而努力把文章寫得讓讀者百思不得其解。唉呀，這樣的話，會難懂也是理所當然的嘛。舉個例子，德希達寫的文章感覺大概就像這樣。

「『眾多的數字』將自己定義為迂迴的運動，不知道有多少次了。因此，關於『眾多的數字』，諸位有辦法說出的所有言論，都包含在這點裡。這些言論多餘的部分預先決定好了，也都受到預料。於是『眾多的數字』就自行重新標記自己。10包含XI。未完成＝半過去，超越了諸位的未來前式。」

就是那種會讓人覺得「夠了閉嘴」的文章，實際上德希達的書，不管翻到哪頁都是這樣。

當然可能也有人會覺得，既然這樣就更該努力解讀看看。牆壁愈高，跨越的時候感覺就愈暢快。就這點來看，沒有什麼東西比德希達的書更有挑戰價值了。

但是，令人氣憤的是，德希達自己在書中就說了「這本書是無法解讀的」。德希達根本就不打算寫出讓人看得懂的東西，就算讀者花費心力去看，也是不可能理解的。德希達的書雖然有一定的哲學價值，卻也會讓人看不下去，可以說達到了極致。

那麼，德希達為什麼要特地寫這種文章呢？原因來自他以下的哲學主張。

「會認為一個人寫的語句中帶有『真理（唯一的解釋、固定是某一種意思）』，只是一種自以為是的想法。任何語句都不會帶有特定的意思。」

這是什麼意思呢？假設有一個句子，只要沒有出現文法上的錯誤，那這個句子帶有的意思，應該就只會有一種。好比說，「那裡有蘋果」這句話，意思當然就是「那裡有蘋果」啊。

可是，德希達說不是這樣的。舉個例子，請看下面這句話。

「不該被規則束縛。」

這句話的意思（解釋）是什麼呢？你應該會覺得，這句話當然就是說「不該被規則束縛」的意思啊。但是，其實這句話也可以帶出這樣的意思。

「如果照著『不該被規則束縛』這句話做，就又會被規則束縛了吧（笑）。所以在原理上來說，『不該被規則束縛』是無法實行的。這句話其實是在暗中諷刺這件事。」

簡單來說，就是這麼一回事。

「不該被規則束縛。」

↓（意思１）不該被規則束縛

↓（意思２）「不該被規則束縛」是自我矛盾的，做出這種主張的人真是一位笨蛋。

根本就不可能不被規則束縛。

好了，感覺如何呢？明明是同樣一句話，卻可以理解成完全不同的意思。雖然感覺好像有點硬拗，但是從這個例子裡，應該就可以明白他的意思了。那些乍看之下很單純、很理所當然的語句，思考背後的含意以後，有可能會發現隱藏著跟字面上完全相反的意思。

「這怎麼看都是〇〇。實在是非常感謝您。」

這句話從字面上看起來，就是一句感謝的話，但是，換個方式理解的話，也可以變成一種挖苦人的話。

於是，德希達就如此宣言：

「我們可以從任何語句裡，找出跟語句本身相反的意思。」

根據德希達的這項主張，如果有人看了一段句子後，就這麼肯定：「這些句子的意思是這樣！」那麼，這個人在根本上就搞錯了「閱讀」這件事。因為在看了一段句子之後，「肯定這個句子只有一個意思」，其實是「不可能」的事情。

若真是如此，那我們又該用什麼方式，去理解這些語句呢？很簡單。既然句子的意思不是固定的（這個句子沒有正確的理解方式），那就只要隨自己高興，自行賦予意思（解釋）就好了。

話雖如此，不過或許會有人對此提出異議。

「不，寫出句子的人，一定是基於某些想法，才寫出句子的吧？這樣的話，不就應該按照他的想法去理解句子嗎？」

這種想法再正常不過了。要是你寫了一些東西，別人卻理解成不同的意思，你也會覺得很失望吧？

但是，德希達輕易地否定了這個妥貼的意見。他否定的理由，用非常簡單的方式講，就是這樣——

「不，我們根本就沒辦法知道，寫的人心裡是怎樣的想法啊！」

假設你寫了一些東西，而別人卻理解成完全不同的意思。你一定會想這麼說：

「不對啦，我寫這些話才不是這個意思咧！這些句子不是那樣的意思，是如此這般的意思啦！」

但是，就算你這樣解釋，但你說的「不是那樣的意思，是這樣的意思啦」這些話，終究也還是一些語句。因為人類沒辦法直接讓他人知道自己的想法與意思，所以說到底，還是只能互相傳遞語句（真要認真說的話，其實這就是一連串看得懂的各式記號）。所以，「應該依照筆者的想法去理解句子！」這項反駁只是空談，實際上根本不可能辦到。

好啦，就是這麼一回事，將德希達的主張整理起來，有以下這兩點。

1. 文句真正的意思是無法得知的。「看了文句後可以得知真正的意思（有一個固定的意思）」只是自己一廂情願的想法而已。

2. 所以，大家就隨自己高興，自行賦予「意思（解釋）」，自由地看就好了。

乍看之下很無法無天，感覺實在不像是一種主張，不過，回想一下前面說過的結構主義破裂的事情，就能了解為什麼德希達會提出這種主張了。把文句代換成「事物」，把意思代換成「結構」來看看吧。其實這項主張，本身就是結構主義破裂一事的一種解答。

「就算將事物放在一起看，
真正的結構（本質）也是無法得知的。
其實，說事物中隱藏著這些結構（本質），
而且還可以從中擷取出來，
這種想法本來就只是一種自以為是的想法啦。
所以不管是結構、本質，還是任何東西，
都只要隨自己高興，自由地取出來就好了啦。
Let's easy go。輕鬆來吧！」

簡單來說，那位有名的德希達，並不是一個突然出現的天才、奇才，他只是對應到上個時代哲學（常理）的缺失，也就是說，是時代所造就的哲學家。

順帶一提，人們一般都認為德希達的書很難懂，但其實這是錯的。德希達自己也再三提到：「批評我的書很難懂的那些人，只是因為沒有仔細去看而已。」這句話非常正確。話說回來，「書很難懂」的意思，應該是用來描述這本書的文句太過複雜，「作者想要表達的意思，實在看不出來，或是很難看出來」。但是，德希達的書，本來就不是為了要讓人看懂作者的意思。所以抱怨德希達的書「很難懂（看不出作者的意思）」，根本就不中肯。讀者看德希達的書，應該要隨自己高興，自行賦予意義才對。因此，說德希達的書「難懂」，其實並不正確。

解構主義是什麼？

好啦，結果德希達的主張（要捨棄「有個固定的真理」的這種錯誤認知），緊緊抓住了現代人（對結構主義感到失望、對真理之爭感到厭煩的人們），地位扶搖直上，成為一門可以代表一個時代的哲學派別（反哲學的旗手），而他的哲學一般稱為「解構主義」。

解構主義。這是個超級有名的哲學用語，說到現代哲學就會想到解構主義，話雖如此，但大家對「解構主義」這個詞應該還是很陌生，所以，這邊換一個比較好懂的方式來講。

「學術界那些臭屁的老傢伙，想要建構出像大樓那樣硬梆梆的理論，真的是麻煩死了！快點解除這種建構的風氣吧！」

也就是說，所謂的「解構主義」，就像是一種口號：「建構真是麻煩死了，快來解除這個情況吧！」用這種方式來想，應該就很容易理解了。

所以，當初創造出「解構」這個翻譯詞的人，或許應該要設計成這樣比較好。

「解☆構！」

這個口號就跟其他口號一樣，本身並沒有太大的學問。例如，高喊著「反對建構！」的口號，本身沒有太大的學問，而「解☆構！（解除建構！）」這句話也一樣，本身並沒有什麼意思。那麼，為什麼像「解除建構！」這種程度的一句話，會擴展到全世界，受到許許多多的人支持呢？

很簡單。因為這句話（口號）從正面挑釁了歷來的學問（權威），讓人感覺相當痛快。

說起來，所謂的學問，可以說是專家與「頑強的理論」的建構過程，進行的一場激戰。當然，建構出一碰就垮的理論沒什麼用，所以專家的目標是要建構出頑強的理論，這是再自然不過的事了。而所謂的頑強的理論，也就是——

「一種唯一普遍的理論，挑不出任何缺點，承受得住任何反駁與懷疑。」

然而，德希達高喊：「反對建構！解☆構！」因為，一個挑不出任何缺點的理論、唯一普遍的理論，是絕對無法實現的。

事物的理論（解釋），絕對不會是固定的。只要用稍微偏一點的角度去「看（解讀）」，就會產生各種天差地別的理論（解釋），而且，也沒辦法從這些理論中，選出一個正確的理論（解釋）。

雖說如此，實際上在學術界的任何一門領域裡，都有著一套定論（人們認為百分之百正確的理論）。例如，「這部古典名著，應該要用這種方式來解釋」或是「○○現象應該要用這種理論來解釋」之類的。

為什麼會有這套定論呢？德希達認為，這單純是因為在這個狹窄的範圍內，最有權威的那個大人物，進行權力鬥爭，擅自主張：「這個理論是最正確的！不許任何人有意見！」然後剛好在這場鬥爭中贏了而已。

當然，這位大人物的心情我們也是能理解的，畢竟他是從默默無名的時候開始，就一直在這條路上，經過了數十年的研究，才終於成功建構出有辦法說明「○○現象」的「△△理論」。只要沒有出現不符合這項理論的實驗結果或觀測數據，那他就會堅持：

「這才是唯一可以正確解釋○○現象的理論！」

這也是人之常情，我們都可以理解。至少，如果是一個初出茅廬的小伙子說：「○○現象也可以用我想出來的『××理論』來解釋喔！」這位學者是不會那麼簡單就接受的。應該要在現今學界公認正確的「我的△△理論（定論）」，發現了反證或是不完備的地方時，再慎重考慮這項新的理論。

然而，德希達認為這種想法實在太老舊了。「可以用來解釋某種現象的正確理論，只能有一種，除此之外沒有第二種。」這只不過是一種先入為主的想法，一點意義都沒有，只不過是年長者把持利益，剝奪後進的年輕人靈活的想法。（參考圖5－1）

總之，那些建構頑強理論的趾高氣昂的大學者們，被德希達這番話打個措手不及，旁人自然看得十分痛快，心想幹得好，繼續打、繼續打。

接著，達希達高呼的這個口號——

「解☆構（沒有唯一普遍的正確理論和解釋，所以就盡量採取偏頗的角度來看，多提出一些新的理論和解釋，解除那些由硬梆梆的理論和解釋所組成的結構物吧！）」

德希達的主張影響了許多年輕人，這些年輕人為至今為止一直都死板板、硬梆梆的學術界，颳起了一陣旋風。

知識上的恐怖分子

特別是文學批評（文學研究）。至今為止的文學批評，都有著硬梆梆、不可動搖的定論，絕不容許有其他的解釋。

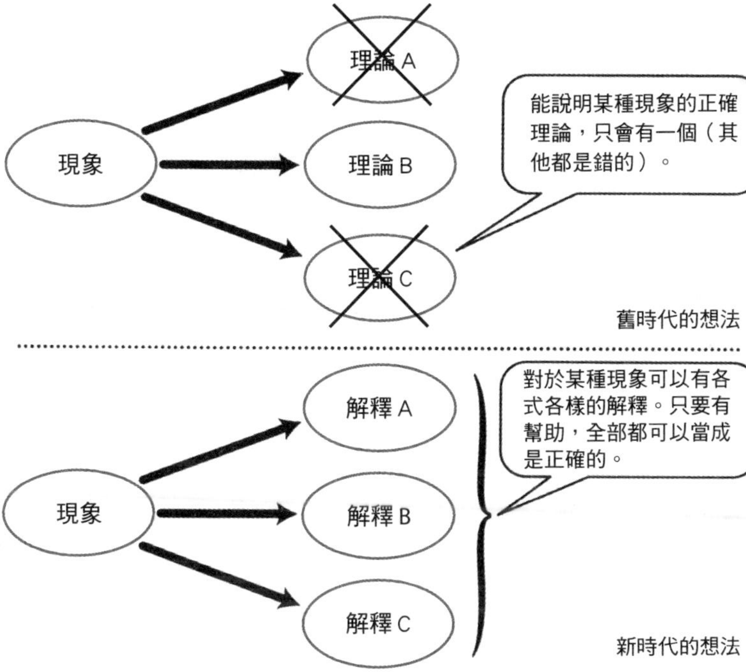

現象
理論 A
理論 B
理論 C
能說明某種現象的正確理論，只會有一個（其他都是錯的）。
舊時代的想法
現象
解釋 A
解釋 B
解釋 C
對於某種現象可以有各式各樣的解釋。只要有幫助，全部都可以當成是正確的。
新時代的想法

【圖 5-1　新舊時代對理論（解釋）的看法】

舉例來說，假設有本「超級有名的歷史名著，旨在歌頌純愛的美好」。講直接一點，一旦成了偉大名著，人們就不會只把它當作小說來看，而會當成是一個研究對象。從作家的「人生經歷」、「交友狀況」、「私人書信的內容」，甚至到「當時的社會情況」，都會受到學者徹底的調查。接著，根據這些研究成果，來理解這位作家的文章（例如像是這樣的感覺：「這個場景中的這句台詞，對照作者當時的狀況，可以解讀為這種意思」）。

好啦，這樣進展下去，累積了大量的研究（龐大的資料）以後，年輕人就無法再那麼簡單地去寫這本書的批評（解釋）了。因為要是寫得跟這份研究成果不一樣，就會被地位崇高的學者罵說功課做得不夠。

「不，你的理解方式太過膚淺，水準還不夠。你應該再多去研究當時的社會與文化背景。了解這些方面以後，你就會知道，那個場景不能用那種方式去理解（解釋）。請你去看這本書……和這本書……，對了，還有寫了最新研究成果的那本書。」

如果寫得不仔細的話，學者還會推來無數本厚厚的文獻，叫自己回去重讀，而且這些文獻都比自己發表批評的那本書還要厚。

但是有一些年輕人從德希達的口號——「解☆構」中，得到了勇氣、受到影響，這些年輕人獨樹一格，拒絕了這些地位崇高的學者的建議，認為他們是在「強迫別人接受自己的解釋」。

「嗄？就算有各式各樣的理解方式也沒關係吧。說起來，您提出的那種解釋，也只是許多解釋中的其中一種，也不知道到底是不是對的（笑）。話說回來，請您也去讀讀德希達好嗎？」

於是，文學批評界就掀起了一場革命。那部「歌頌純愛之美的歷史名著」，至今受到了細密的研究，原本有著不可動搖的解讀方式，而現在，出現了許許多多的新解釋。

「這本書為了要強調純愛有多美好，於是在書中不斷譴責『外遇』，但是譴責到這個程度，反而是在說外遇充滿著魅力。因為，要是外遇真的那麼沒有價值、不值一提，就不會特地譴責那麼多次吧？所以，這本書講的是外遇本身難以抗拒的魅力啦！」

「這本書雖然是在歌詠純愛、譴責外遇啦。但是，如果對方已經結婚了，卻剛好喪失記憶，那該怎麼辦咧？因為這樣就變成是外遇，所以要放棄嗎？如果因為這種外在因素，就可以簡單放棄愛情的話，那根本就不是純愛、真正的愛了吧。所以，這本書根本就不是在講純愛啦！」

新的解釋一個接一個出現。順帶一提，德希達建議在進行解構的時候，使用以下兩種做法：

其一，**從文本的內部進行批判**。這裡所說的文本，指的就是文章，換句話說，在批判某篇文章（文本）的時候，不該提出完全不同的文章、從「外面」來進行批判，而是要用這樣的態度：「原來如此，你的文章很正確，然後啊，直接從你的文章裡面來看，就會得出這樣的意思。」像是「自家人」的態度，來導出一個完全不同的結論。

其二，**找出文本前提中的對立關係（二元對立），並加以解體**。任何文章（主張）都一定隱藏著某些對立關係（二元對立）。所謂的對立關係，簡單來說，指的就是像善／惡、生／死這種相對的事物。舉例來說，歌頌純愛的文章，就具有「純愛（善）／純愛之外的戀愛（惡）」的對立關係，而這就是文章中隱藏的前提（擅自認定的東西）。找出這個前提，將這個前提解體（理解出相反的意思，破壞原本的主張），藉此創造出新的理解方式（具體的解體範例，就像前面提到的「歌頌純愛之美的歷史名著，其實要講的是外遇的魅力」）。

好了，解構的具體做法，就像上面講的這樣，下面引用德希達本人針對解構所講的話，看了這段話以後，應該又能更加清楚。

「探究那位哲學家的進路，了解他的策略，和他奸詐的想法進行交鋒，操控他手裡的牌，讓他展開某項策略，然後，將他的文本化為自己的東西。」

這麼做感覺有點狡猾，不過這可以說是一種聰明的做法，反過來利用了文章的解讀方法很模糊（不只限定於一個意思上）這一個缺點。

請看圖5－2。這是黑格爾的辯證法，也是從前進行議論的方式，去捅對方文章的不備之處，「你是錯的。這才是真正正確的文章（主張）！」將對方擊潰，再提升到更高的位置，像這樣的議論，最後就會導致大家大打出手、發生核子戰爭，於是人類就此滅亡。

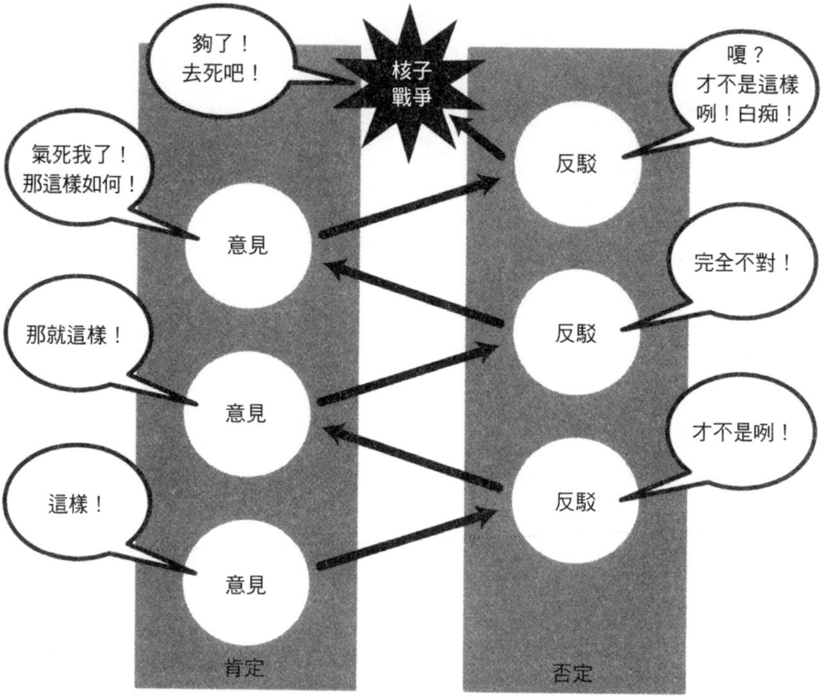

【圖 5-2　舊時代的議論（辯證法）】

另一方面，圖5－3是解構。這種方式和辯證法不一樣，並不採取對立的方式，而是採取對自己人的態度，不斷找出不同的意義，將理論不斷擴展下去，在現今這個時代，一旦爭論真理，人類就會全部滅亡，而在這樣的時代下，這可以說是最合適的一種建構新理論的方式。

不過，很遺憾的是，事情並未按照德希達的想法進行，這項解構的理念（持續發展出新的理論，而不是互相廝殺），完全得不到大家的理解。人們沉醉在解構這項新觀念裡，之所以會進行解構，單純只是因為這樣做很痛快。

「我可以發表和之前那些臭屁的定論不一樣的想法，真是太開心了啦啊啊啊！」

「我可以挖出前提裡的對立關係（二元對立），讓這個理論付之一炬，真是太開心了啦啊啊啊！」

補充一下，「解構」的想法，原本是來自哲學家海德格的「分解」（destruction）這個用語。但是，德希達認為這個詞具破壞性，帶有很強的負面含義，所以就特地把它改

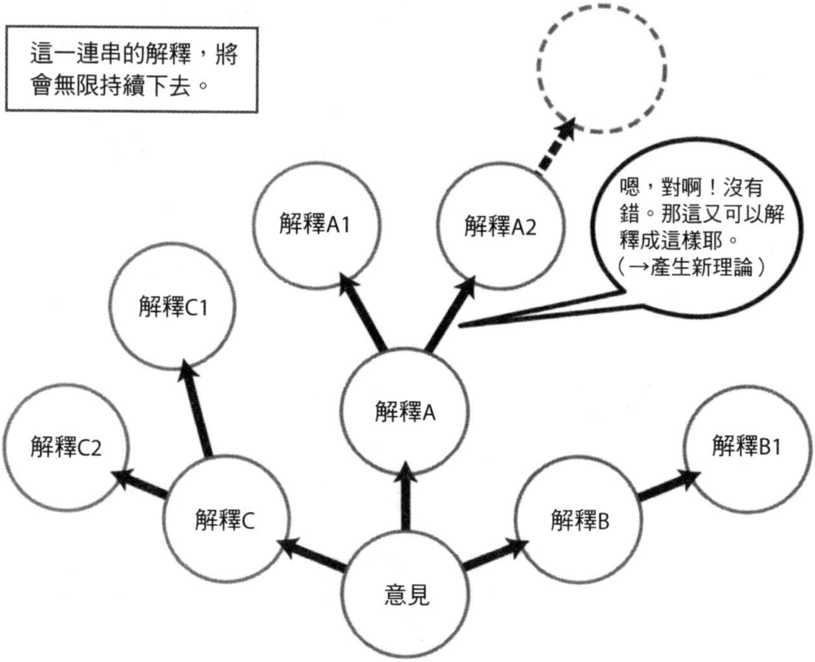

【圖 5-3　新時代的議論（解構）】

成「解構」（deconstruction）這個看起來稍微正面一點的說法。所以，德希達在向世人提出解構這個概念的時候，其實蘊含著這樣的想法：「請大家不要只為了破壞理論，才使用解構的手法。」

然而，諷刺的是，人們用偏離的角度，來看待解構本身的意思，這個偏離的意思，就這樣在世界上擴展開來。

結果，只要有個頑強的高聳建築矗立在那裡，就會有一夥人鬧哄哄地聚集過去，這些人舉著「反對建構！解☆構！」的旗子，毫不留情地破壞殆盡——出現了這種異常狀況。他們為什麼要這麼做呢？是因為解構的概念本身很棒嗎？不是，只是因為感覺很痛快而已！

「把德希達大師的解構當成免死金牌，就能把別人的理論拿來胡搞瞎搞，徹底破壞，實在是太開心了啦啊啊啊！」

最後，德希達成為這場破壞風潮的首謀，儘管這並非他的本意，但他還是被掛上了知識的恐怖分子這個稱號，在他獲頒劍橋大學榮譽博士學位時，遭到大量著名教授連署反對，引起了一場風波。

德希達這個人實在很不走運，遭受到這樣的誤解，即使如此，他還是竭盡全力，為現代提出了一個新的思考方式，是一個真正的哲學家，為了自己的哲學而犧牲，而且，還為了化解大家的誤解，於是故意連一本好懂的書都不寫，我認為他的這份氣魄，真的是非常了不起。

布希亞

Jean Baudrillard

如前面所述，德希達的哲學被人理解成是要鼓勵大家破壞真理，事情的走向跟德希達的想法背道而馳，而真理批判主義、反哲學主義的傾向，支配了「現代」這個時代，人們否定真理，並拒絕追求真理，這樣的時代今後究竟會邁向何方呢？

回顧一下目前為止人類的歷史，就會發現歷史上有著固定的形式。當一個時代沾染了「〇〇主義」後，那些對「〇〇（普遍觀念）」感到厭煩的人們，就會創造出一個用來否定〇〇的「□□主義」，開啟了一個以□□主義為主流的新時代。若真是如此，那些對現代（真理批判主義、反哲學主義）感到厭煩的人們，又會創造出下一個完全相反的時代了（例如像是歌頌真理、哲學的時代）。

但是「這種事是不會發生的！再也不會出現新的主義了！」

這時出現了一個人，他說了這番負面的話，宣告「哲學史已結束」。他就是法國哲學家布希亞。

不會崩解的資本主義社會

「我們現在這個時代，已經沒辦法再創造出新的時代了（以其他主義為主流的新社會）！其實我們現在的這個社會就是『最後的社會』，已經走到盡頭了！」

布希亞這份主張要講的大概就是這樣，實在令人震撼。但布希亞之所以會這樣想，到底是有什麼根據呢？首先，布希亞主張：「資本主義社會（現代社會）這種系統，是絕對不會崩解的，已經自己發展完畢了。」

嗯？這是什麼意思呢？資本主義社會為什麼不會崩解呢？說起來，過去不是都說「資本主義社會會將資本家與勞工的差距，拉得愈來愈大，這種社會系統必定會崩解」

嗎？而實際上，有許多人就真的相信了這種說法，「既然這樣，那就徹底放棄資本社會吧！」就此投身於共產主義革命。為什麼現在又突然說出「資本主義社會是不會崩解的」這種話呢？

布希亞所主張的「資本主義社會不會崩解的理由」。用很簡單的方式來講，就是這樣的：

「資本主義社會已經結束了『生產時代』，
轉變為『消費時代』了，
而且還是一個消費符號的時代，
所以是不會崩解的。」

首先，「結束了生產時代，轉變為消費時代。」這個部分應該不會太難懂才對。我們現在已經不是生活在一個拼了命去生產生活必需品的時代了，現在是為了活絡經濟，於是不斷製造出新商品，並且進行不斷消費的「消費時代（鼓勵大家用完就丟的一個時代）」，我相信這番話每個人都能夠體會。不過，接下來說的那個「消費符號」又是什麼意思呢？

話說回來，所謂的符號，簡單來說就是「用來讓對方聯想到某些意象的形狀（圖形、標誌、記號）」。所以，「蘋果」這個文字的形狀（或者是「ㄆㄧㄥˊ ㄍㄨㄛˇ」這個發音的波形，抑或是變形、誇張化的蘋果標誌），就可以說是「專門用來讓對方聯想到蘋果的形象的一種符號」。

好了，就算符號的意義是這樣子，那經濟上消費符號又是怎麼一回事呢？我們會花錢買東西，進行消費，但是可不記得曾經買過符號，進行消費啊。

不，其實是有的。其實我們在有意無意間，一直不斷在購買符號。

話雖如此，但是突然間對大家說「我們一直在購買符號」，大家應該也無法理解，所以這邊就舉一個跟我們關係最密切的符號——「品牌」當例子來說明吧。

符號消費

舉例來說，當我們要買衣服或包包的時候，會去注意「品牌」，把品牌當作一個選購的標準。但是，品牌其實並沒有實體。假設就算有一個「X」這個知名品牌的包包，這個包包的功能，也不可能跟其他的包包不一樣吧？

儘管如此，通常這種包包的定價都很高。比其他普通的包包貴上數十倍。這到底是為什麼呢？

當然，品牌包包的確會有一些優點，像是比其他的包包還「不容易壞」、「好提」等等。但是這樣頂多也值個兩倍、三倍的價錢。至少光就功能（工具性價值）來看，價錢訂到數十倍以上，怎麼想都是在亂喊價吧（畢竟又不是比其他包包不容易壞數十倍，也不是比其他包包好提數十倍）？那麼，為什麼品牌包包沒有跟其他包包差太多，人們卻可以接受它「比一般還要貴上數十倍」的訂價呢？

理由在於，品牌會賦予持有者「高級」、「特別」、「超稀有」的形象，所以人們會花比其他普通包包貴上數十倍的錢，去買品牌包包。但是，這樣的情況，與其說是「付錢購買包包這種工具（功能）」，不如說是「付錢購買符號（品牌標誌），而這些符號能帶給自己高級、特別、超稀有的形象」。

好啦，舉了這個品牌的具體例子，大家應該已經清楚許多了。總而言之，布希亞所說的「消費符號的時代」，指的就是這樣的意思：

「在這個時代，人們不會花錢購買物品的工具性價值，而是消費在可以代表品牌的『物品或服務（符號）』；這些物品或服務可以賦予高級感、特別感這些令人愉悅的形象。」

不過，就算這樣，那為什麼「消費符號（賦予形像的東西）的社會」不會崩解呢？

這邊先說答案——

「因為消費的符號沒有實體，所以可以無限生產。」

這個部分是一大重點，所以接下來就按照順序，詳細說明。

符號消費時代來臨

當我們把人類定義成「**擁有欲望的生物**」，而社會是由我們人類所組成的。所謂的欲望，就是單純的「肚子餓了想要吃飯」、「很冷想要穿衣服」這種事情。不只是人類這樣，所有的生物之所以會進行活動，都是為了要滿足這些欲望。

但是，不知道是幸還是不幸，現代技術異常發達，人類所有生物性的欲望都可以滿足。換句話說，在現在的社會裡，不管是吃的還是穿的，都可以輕鬆取得。

這麼一來，「擁有欲望的生物」，接下來當然就會產生這樣的欲望——

「想要吃更可口的食物，想要穿更有型的衣服。」

也就是說，對於那些已經擁有的東西，欲望就會轉變為「再」、「更加」的形式。但是，很遺憾的是，這種欲望是無法滿足的。因為，「再」、「更加」是沒有上限的。

舉個例子，現在請你想想冰箱。冰箱是一種很方便的工具，可以滿足我們「隨時都想要喝冰涼的飲料」、「想要吃新鮮的食物」這些生物性的欲望，如果沒有冰箱的話，自然就會產生「我想要冰箱！」的想法。可是，在現在這個時代，擁有冰箱已經是一件理所當然的事了。「我想要冰箱！」這份欲望已經滿足了。

在這樣的情況下，欲望就會轉變成「我想要更好、更進一步的冰箱！」的形式，但是，這種事根本就不知道要怎麼辦到。因為，說到更進一步的冰箱，我們根本就沒辦法想像出具體的樣子。就算說要一台更好的冰箱，這種東西也已經做不出來了。

好了，這時候就輪到符號（賦予形象的東西）登場了。一台更好的冰箱是有實體的，看得到也摸得到，但是符號是沒有這種實體的。沒有實體的東西，只要有心的話，要多少都做得出來。

「二〇××年最新型的冰箱！（老實說，根本就不需要的）負離子殺菌除菌等多種最新功能！」

「由知名品牌A設計的限定造型！今年，就一定要充滿高級感的雅緻黑！」

很難做出一種冰箱，能在本質上比之前販賣的冰箱有所進化，不過，稍微加上一些附加功能、改變一下造型、加上「比去年更好、現在最流行、高級品」的符號，這樣的新商品是做得出來的。

話說回來，其實冰箱、洗衣機、車子、衣服，所有的物品在本質上都無法再進化了（已經改善完畢了），所以現在的社會，只能不斷地生產「會讓人想要買的符號（沒有實體的標記）」，刺激人們的購買欲望，促進經濟活動。

請看圖5－4。這張圖表示的是舊時代（生產社會）的經濟活動。

「出現了一個很好的東西！好想要！我要買！」

「出現了一個更好的東西！好想要！我要買！」

「出現了一個更好更好的東西！好想要！我要買！」

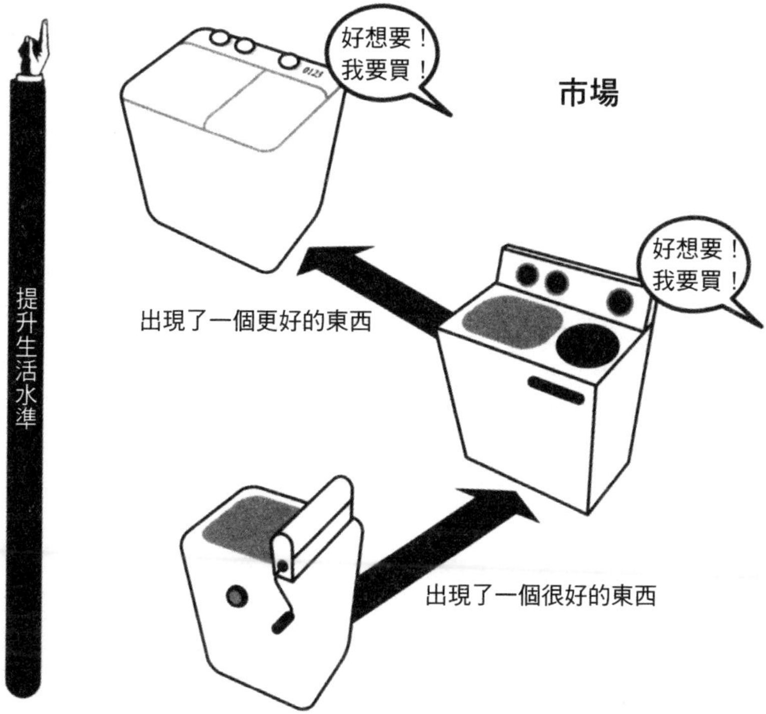
好想要！
我要買！
市場
提升生活水準
出現了一個更好的東西
好想要！
我要買！
出現了一個很好的東西

【圖 5-4　生產社會的經濟活動】

商品在這樣的形式下，不斷地生產，而大家也會一直購買。這種經濟活動最棒的地方，不單純只在於「活絡經濟」，而是在於「生產出來的商品，品質會不斷提升」，根據這張圖來看，人類將能獲得無限豐富的生活型態。

然而，現實並非如此。這是因為，生產「更好的商品」，終將面臨極限。

到了極限以後，事情會如何發展呢？如果做不出更好的商品（新商品）的話，用一般的方式來想，只要一直生產去年的東西就好了吧。但是很糟糕的是，這樣經濟就會崩解了。

首先，要是生產一樣的商品，那麼，只要之前購買的商品還沒壞，消費者就沒有理由買新的。畢竟是一模一樣的東西，這樣做是理所當然的。結果，購買商品的人變少（消費減少），而製造商品的企業就賺不到錢了。

然後，企業會減少聘僱人員，這也就表示，一毛錢都得不到的失業者（買不起商品的人）就會增加。

好啦，這樣一來就完蛋了。惡性循環開始了。

物品賣不出去，就不雇用員工

↓

不雇用員工，所以失業者會增加

↓

失業者增加，所以物品賣不出去

↓

物品賣不出去，所以……

在這樣的連鎖效應下，失業者不斷增加，最後將無法構成經濟活動。

好啦，這邊大概就是在說，「不斷製造出更好的商品，但總有一天商品開發會到達極限，於是經濟一定會崩解」。但奇怪的是，現實中經濟並沒有崩解。我們的社會確實已經面臨瓶頸，無法再製造出更好的商品了，儘管如此，至少在目前來說，經濟並沒有出現一種「惡性循環」，會嚴重到讓經濟崩解的程度，也沒有出現失業者不斷增加的情況。

為什麼呢？布希亞提出了一個新的架構來回答這個問題。請看圖5－5。事實上，布希亞認為，我們所處的這個經濟社會（資本主義社會），確實曾經是圖5－4（生產社會）的型態，有可能會發生崩解，但是在不知不覺的情況下，已經轉變為圖5－5（符號消費社會）了，於是得以免於崩解的下場。

圖5－5是一種如下的經濟系統。

首先，一開始會生產附有符號的商品，而這種符號會讓人覺得：「好想買！」（像是名牌、限定商品、折扣、全美銷售第一……等等，會吸引人去購買的商品。）這些東西會刺激我們的購買欲望，「哇——」於是大家就會這樣去爭相搶購。

然後這項商品賣得差不多了以後，就會再生產有附有其他符號的商品。這麼一來，大家又會「哇——」爭相搶購這項商品。接著，過了不久，又會生產出附有不同符號的商品，而大家又「哇——」大概就是像這樣，一直重複下去。

換言之，這種經濟系統中，符號（流行、名牌、刺激欲望的某些東西）會接二連三的產生，人們會去爭相搶購這些符號，而這邊最重要的一點，就是「**這些符號是沒有實體的，所以可以無限生產**」。這就意味著，這個經濟系統永遠不會崩解（不會停止），能夠無限地持續下去。

稍微換個比喻吧。假設在一個國小的校園裡，有一群小學生閒得發慌。小學生都

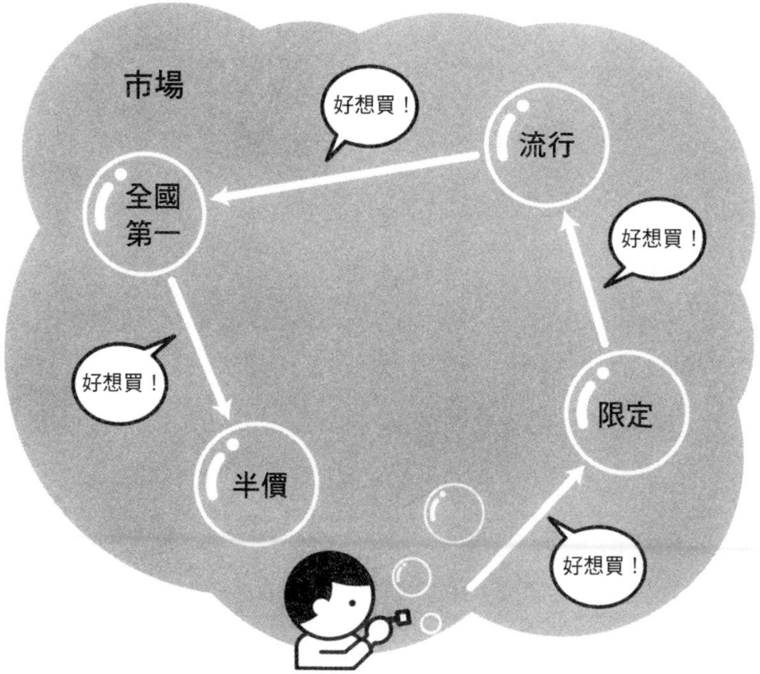

【圖 5-5　符號消費社會的經濟活動】

靜不下來，他們本身就是由**「想要沉迷在一件事情上，來獲得滿足感」**這種欲望所組成的，於是老師想出了一個妙計，可以幫助他們打發時間，老師說：

「大家看！那邊有一個紅色的旗子喔，那就是終點！看誰能第一個到那邊！」

這群小學生被老師的這番話煽動，「哇——」一齊朝著那裡奮力跑去。然後，「太好了，我贏了！」「啊，我輸了！」有人開心、有人難過，時間也消耗了，就在這個期間，老師在不知不覺間，在遠方又豎起了一面新的旗子。

「大家看！這次出現了藍色的終點喔！跟之前的不一樣，是稀有版的終點！」

然後，這些小學生又會被老師的這番話煽動，「哇——」非常興奮地朝向終點全力跑過去。而在這個時候，老師又在別的地方豎立起新的旗子……

於是，老師成功地讓這些小學生不再無聊，提供了許多遊戲給他們，讓他們在畢業為止的這段時間裡，可以開心地沉迷這些遊戲。

大概就像這樣子，就是「一群小學生在玩的、一無所獲的終點遊戲」。大家一看就可以明白，只是豎起一面表象的旗子，然後大家就朝向這面旗子跑過去，整件事就只是這樣而已，所以，這個遊戲當然就可以無限地持續下去。

當然，有人可能會覺得「可以無限地持續下去」講得太誇張了。如果一直這樣重複一樣的事情，就算是小學生也是會厭倦的，而且也會有小孩發現這個計謀，發現大家其實根本就一無所獲。

不必擔心。就在他們感到厭倦、發覺到其中的計謀的時候，早就已經畢業、離開校園（世界）了，所以不會有問題的。然後，又會有其他新的小學生進到校園裡，又會一樣「哇——」開始玩這個到處跑來跑去的遊戲。

也就是說，結果不管過了幾年、幾百年，校園裡永遠都會有一樣的景色，相同的遊戲將永遠持續下去。

好啦，這個國小校園的故事，當然是在比喻布希亞的符號消費社會，歸根究柢，我們所處的這現代社會，不就像是這樣的「一無所獲的遊戲（永遠不會抵達一個目的地，單純只是一個打發時間的遊戲）」嗎？簡單來說，布希亞用「符號消費」這個詞，想要說的也就是以下這些。

1. 賦予著「高級感、物美價廉的感覺……等等」符號的商品，產生一種形象，用來刺激人類的欲望。符號商品可以無限生產，而這些符號沒有實體，只是一種表象而已。

2. 但是畢竟只是一種表象的商品，所以不管做出了多少這種東西（不管經濟再怎麼活絡），社會都還是會保持現在這個狀態，不會再有任何未來。

3. 而且，人類在察覺到這種經濟活動的奇怪之處，察覺到其實一無所獲以前，壽命就會結束了。因此，相同的經濟活動將會永遠反覆持續下去，社會不會有所改變。

對了，把以上這些事情，講得更狠一點就是：

「你們只是受這些符號（終點）擺布而已，這些符號接二連三出現，其實根本就不存在，只是一些表象而已，然後你們就在社會（校園）這個小小的框框裡，到處跑來跑去，一直到死為止啦！而且這會永遠地持續下去，你們已經沒辦法逃出這裡了啦！」

符號消費社會的結構

但是啊，如果說符號消費社會，只是不斷地重複、根本一無所獲的話，那只要把生產出這些符號的人排除掉就好了，這個主意如何呢？例如，把「提供那些沒有實體的符號的人（幕後操控者）」除掉的話，感覺這個無限的運行，應該就會停下來了。

不，這是做不到的。原因在於，生產出這些符號的，不是別人，正是我們自己。

稍微想像一下就會知道了。我們被某些符號吸引住，為了得到這個符號，於是我們想辦法獲取金錢，而這就表示，你（或是你的父母）在符號消費社會中工作。

在符號消費社會中工作，也就意味著在生產符號。

舉例來說，假設你想要符號A，所以到某一間公司工作，但是，在這間公司工作，結果也就等於是「協助生產新的符號B」。接著，這次換成被符號B打動的人，為了獲取金錢，而必須生產出新的符號C，再來，被符號C打動的人，又必須生產出符號D……產生了生產符號的連鎖效應，大概就像這樣的感覺。這樣一個接一個循環下去，最後一定又會回到你這邊。

當然這只是簡化後的情形，現實的情況又更加複雜，但總之在原理上是一樣的。簡單來說，在「（自己的）欲望會引發（他人的）欲望」形式下，符號生產的輪迴不會中斷，將無限地持續下去。

順帶一提，如果將這個情況用那個「國小校園的例子」來比喻的話，就相當於小孩自己創造出表象的旗子。換句話說，又再加上了一個規則：「想要得到別人的旗子，自己就必須豎起富有魅力的旗子，讓許多人都聚集到自己的旗子這裡來才行」。

「我做出了一面旗子，是倒立的長頸鹿喔！全新的喔！」

「哇——好想要喔！」

「我做了一面旗子，是金屬的熊貓喔！這是金屬系列的最新款喔！」

「哇——好想要喔！」

這種社會結構非常完美，已經自行發展完畢了。想要得到別人做出的充滿魅力的旗子，自己也必須拼命做出旗子，吸引朋友過來才行。一旦形成這種狀況，旗子就已經不再是某個特定的人製造出來的了，所以沒辦法阻止這個遊戲。如果無論如何一定要阻止，就只能把校園裡的所有小學生，全部都炸掉了。

好了，目前為止所說的，簡單來說就是這麼一回事：

「在追逐符號的過程中，
包含了生產別的新符號的過程（勞動），
所以符號會無限地生產下去，
符號消費社會永遠不會結束，
會一直持續下去。」

那麼，這樣的反駁又如何呢？

「不對，人類才沒有那麼笨咧！遲早會有人對這種經濟活動（符號生產）感到興趣缺缺，然後就會改變這個社會的型態了吧。事實上，到現在為止的歷史，也都是這樣持續進展的啊。」

很好，這個反駁的想法很正面，充滿著希望。這種想法簡單來說，就是：

「但是，過不了多久，人們就會發起革命了吧？」

至今的歷史確實一直都是這麼進展的。

好比說，從「取決於國王的專制政治」轉變為「取決於市民的民主政治」。之所以會這樣，就是在社會的普遍觀念還是「國王萬歲」的時候，出現了反抗這個觀念的人，進行反社會的活動，新的社會得以產生。

而現今，我們的社會上也有許多進行反社會活動的人，既然這樣，他們有一天也會發起革命，破壞現在的符號消費社會，創造一個新的社會吧？

關於這類進行反社會活動的人，布希亞也有探討到，不過很可惜的，他斷定這些人的活動，完全不可能改變社會。

「在符號消費系統中，
『反社會的活動』也已經成為一種受人消費的符號了。
也就是說，這些活動也只是一個零件而已，
用來幫助這個系統繼續存在下去，
已經不具有改變系統的力量了。」

這是怎麼回事呢？

這邊請稍微回想一下，符號消費社會是一種什麼樣的東西。所謂的符號消費社會，簡單來說，就是這樣一種系統——生產「一種讓人感到愉悅的形象（符號）」，可以藉此刺激欲望」，創造出原本不存在於商品中的「價值」，讓大家沉迷其中，忙著從事經濟活動，直到死掉為止。「讓人沉迷於這個形象（符號）中，直到壽命結束為止。」就這點而言，**符號是一種麻藥**，而符號消費社會，可以說是一種創造出麻藥上癮者的系統。

好了，布希亞說，反社會的活動就是符號消費社會的一部分，也是一種符號。換句話說，他的意思就是，反社會的活動也只不過是「一種符號（能夠感到愉悅的、麻藥般的形象）」，會讓人們沉迷於其中，忙著從事經濟活動」。那麼，具體來說，這是一種什麼樣的符號（形象）呢？毫不留情地說，就會是以下這樣的符號（形象）：

「反抗政府跟權力的我，真是太帥了！我和其他傢伙都不一樣，我是特別的！我有正確的見解及行動力，我這個人實在太了不起了！唷喝——」

當然不是全部的人水準都這麼低，應該也有人是真正憂心社會，才進行活動的吧，但是這種人必竟不多。在所謂普通的社會活動中，沒辦法獲得滿足（符號、令人愉悅的形象）的人們，只是把反社會的活動當作代替品，想要藉此獲得滿足而已。

「反體制者。」

「我很聰明，和那些凡夫俗子不一樣，看清了政府的惡劣之處。」

「我很勇敢，不會向權力屈服，會喊出真相。」

這些令人感到很愉快的形象，是一種廉價的符號，就連在社會上找不到工作的人，也有辦法獲得。

純白的襯衫，筆挺的高級西裝。其實他們原本也渴望這些東西。不過，這些人因為某些原因，得不到這些東西，於是就轉而追求全黑的襯衫、鬆垮又邋遢的衣服。而且還穿著這樣的衣服，舉著牌子，上面寫著「反對○○！」「□□給我辭職負責！」在街上遊行。為什麼呢？當然是因為，這些服裝與行為，會給予他們「對抗現有體制的一種抵抗運動」這種符號（令人愉悅的形象）。想當然爾，他們所進行的這些活動，根本就無法破壞現有的體制。為什麼呢？因為他們的活動，終究只是在現有體制的框架裡而已。你看看，不管是全黑的襯衫、鬆鬆垮垮的衣服，還是抗議的牌子，全部都是市面上的商品，是這個社會所提供的商品（刺激人的欲望、硬是讓人買下的一些消費產品）！

「我們提供的高級精品，適合上流社會的您！」

這就是時尚、流行。物品本身的價值其實只有十，但是卻被渲染成一百，受到煽動的人們就沉迷其中，「哇——」瘋狂購買這個物品。

而反社會活動也是一樣的。

「對社會不滿的您、想要好好嘲弄態度高傲的政客的您。快穿著這樣的衣服，到這樣的地方，一起說『反對○○』、『□□總理是法西斯主義者』。這邊是我們為您推薦的示威周邊商品與示威地點！」

他們自己可能會覺得自己是經過深思熟慮後，才開始進行反社會的活動。他們可能會說，他們這麼做，是為了導正這個社會。但其實並非如此。其實一切都脫離不了符號消費社會（資本主義社會）的掌握之中。跟那些受到廣告傳單煽動、購買不需要的物品（有符號的商品）的笨笨的消費者，是一模一樣的。也跟那些為了拿到「熊貓的旗子」，拼命跑來跑去的小學生，是一模一樣的。

有時候反社會的活動，確實可以幫助社會變得更好，所以我們不應該全盤否定反社會的活動（批判現有體制、示威活動），只是，如果說這種活動的本質其實——

只是一種「符號（商品）」，用來引起人們的興趣，消耗人們的時間與金錢」……

只是一種「娛樂（消遣）」，供人們追求令自己愉悅的的形象，心情高漲地『哇——』在社會上到處跑來跑去」……

只是一種「社會所提供的娛樂活動，這種娛樂活動玩起來非常開心，『純粹只是要批判總理，讓總理不斷換人，藉此洩憤」……

如果是這樣的話，那麼，若想要破壞、改變符號消費社會的結構，都是完全不可能的了。因為符號消費社會是一種完美無缺的系統。在這種系統中，人們會追著符號到處跑，消耗掉自己的時間與金錢，不知不覺就過完了一生。

哲學已死？

剛剛都是舉一些比較極端的人們當例子，可能會有人覺得跟自己又沒有關係。會認為：「我又不會買什麼名牌，也沒有參加反社會的活動。所以我不會拼命追求符號，到處跑來跑去，也不會被符號消費社會操控啊！」

不不不，根據布希亞的哲學主張來看，社會上根本不會有這種人。只要是生活在這個社會上的人，就一定會在這種系統的掌握之中，當然也包括了那些普通的人們，所有人都受到了符號消費社會的操控。而這種人一定會收到這種傳單——

「聰明的您，對名牌興趣缺缺，懂得靈活思考。像您這種人就很有眼光。這邊的商品價格合理，適合這樣的您！」

「對於認真的您來說，普通的生活就能讓您滿足，您也會害怕未來充滿不確定性。推薦您一種叫做『正式員工』的划算商品！您就花上自己人生八〇％的時間，不斷做一些自己不想做的、連機器人也能做到的事情吧！每天被預定行程追著跑，努力生產有一堆用都用不到的新功能的產品吧！那首先第一個條件就是要有『大學文憑』！我們這邊提供參考書、補習班，可以幫助您上大學！」

雖然手上拿到的廣告傳單種類不同，但是歸根究柢，其實都跟品牌收藏家及反社會的活動家一樣，都在追求眼前的某些符號（令人想要追求的某些形象、價值），為此而消耗了「時間與金錢」，亦即「人生」，所以，這些人仍然被束縛在這個社會系統當中。

但是這種說法，可能會有人無法同意。這些人可能會說：「這也太硬拗了吧！」「布希亞根本就是為了自圓其說，所以硬把所有東西都還原成符號消費社會的活動吧？」

沒錯，就是這樣！的確就只是硬把所有東西，都還原成符號而已！

「我要買東西！」

「好，這個東西就是一種符號！你已經困在符號消費社會裡了！」

「那我要改變這個社會！」

「好，這也是一種符號！你現在還是困在符號消費社會裡面！」

「那我要普普通通過日子！」

「好，這也是一種符號！你現在還是困在符號消費社會裡面！」

不管說什麼、做什麼全都沒有用。只要用「好，這也是一種符號（你已經困在符號裡面了）」這樣一句話，就可以把一切都還原為符號消費社會的活動，這樣的話，不管人們再怎麼掙扎，都逃不了「符號消費社會的手掌心」了。

照這角度來看，布希亞的主張——「所以說，人類再也沒辦法逃離符號消費社會了」，根本就不容許任何辯駁，實在是相當狡猾。

但是說到狡猾的話，不只是布希亞。真要說起來，其實所有當代的哲學家用的做法，都一樣是這麼狡猾的。

比如維根斯坦，「好，你所用的語言，是出自你的社會的價值觀（規則），而這種語言已經被這種價值觀汙染了。只要你是用這種語言來思考，那麼就算你思考再多，你的思考還是只能建立在這種社會的價值觀（規則）上。你絕對沒辦法逃離這種結構（語言遊戲）！」

好比德希達，「好，這句話可以用不同的角度來看。好，那句話還是可以用不同的角度來看。語言不會只限定於一種意思，可以有數不清的解釋方式。咦？你說我的「解構」主張是錯的？好，你這句話我也還是可以用不同的角度來看！」

所有的事情都可以用他們自己的理論來解釋，就連反駁也一樣都可以解釋。總而言之，當代的哲學家所提出的主張，本質上都是這樣的：

1. 人類一定都困在某種系統（社會、價值觀或思考的體系）裡面。人類如果不是在這套系統的範圍內，就無法進行「思考」、「行動」、「探求」！
2. 因此，人類沒辦法超脫這個系統，沒辦法到這個系統外面去。「普遍的真理」超脫了系統的框架之外，所以人類沒辦法獲得普遍的真理，只能在系統提供的框架中，一直不斷轉來轉去。

這就是最強的哲學，不給人任何反駁的餘地。這也是絕望的哲學，告訴人們：「你們所有人都別想逃出這個社會系統，也別想逃出我提出的這個哲學。」

這正是當代最新哲學（後結構主義）的本質。順帶一提，還有其他代表後結構主義的哲學家，像是德勒茲（Gilles Deleuze）、瓜達希（Félix Guattari），也一樣是用這種方式來建立他們的論點，而且德勒茲跟瓜達希的立場也跟布希亞一樣，都主張「人類無法脫離資本主義的結構」。

總而言之，結果人類對「真理」與「結構」的追尋，徹底宣告失敗。

人類都被困在「絕對無法從內部進行理解的結構（創造出語言與價值的一種框架＝社會）」裡面，只有在這種構造的範圍內，才能思考事情，完全沒辦法脫離這個構造，唯一能做的，就只有不斷在裡面轉來轉去，以維持這個結構（系統）的運作。

好啦，關於哲學史的介紹，從笛卡兒一路講到現在，終於要在這裡宣告結束了。之所以結束哲學史的介紹，不是因為已經把現代的哲學講完了，而是因為哲學兩千五百年的歷史，現在已經走到盡頭，所以這邊才結束了哲學史的介紹。換句話說，就是——

「哲學已死。」

已經不會再出現一個劃時代的「〇〇主義」了。已經不會再出現一個新的「〇〇社會」，可以為資本主義畫下休止符了。已經不會再出現像笛卡兒、齊克果、李維史陀這種知識上的英雄了。

我們只能在那個連我們都無法控制、都不太清楚的框架（系統）裡，各自扮演系統裡的齒輪，繼續無動於衷地過著日常生活。

貴志　「結果不管做什麼，都只是在重複一樣的事情而已嘛！面試、落選，再面試、再落選！就算錄取了，也只不過在那邊一直做自己根本不想做的事情而已吧！然後就一直重複做，做到自己變成老公公，身體動不了為止！之後的人生我都已經看得一清二楚了，活著有什麼意義啊！」

媽媽　「貴志……」

貴志　「老爸就是背負著一堆責任，拼死拼活地工作，最後把身體搞壞，所以才去世的。所以我心裡一直都在想，絕對不要步上那傢伙的後塵。但是，結果我變成了大人以後，也還是跟那傢伙一樣……給我工作、不準遲到、給我達成業績、給我笑臉迎人──每一天都被人逼著做這些事。我已經厭倦了……這個世界一點意義都沒有……人生就只是一直重複一樣的事情，根本得不到任何結果……這樣的世界、這樣的人生，乾脆全都消失算了！」

第六章

今後的哲學

到這裡為止，我們已經大概了解了從笛卡兒到當代的這段哲學史。這裡再簡單地複習一下。

所謂的哲學史，可說是「從〇〇主義到□□主義的變遷過程」，如果把各個主義擬人化，讓他們彼此對話，很明顯能看出一個共通點，那就是，不管是哪一個哲學主義，都會對上一個哲學主義說：「嗄？」毫不留情地加以否定。

理性主義：「嗄？那些宗教人士（上帝主義）都在幹嘛啊？那些傢伙說的話根本就不能信嘛！我們接下來要好好運用理性的力量，用理性的方式好好思考！所以我們首先應該要搞清楚理性（認知）的功能跟極限才行！」

存在主義：「嗄？你就算調查理性的功能和極限，也還是不可能了解人類的啦！人類才不是機器咧！不能用這種普遍化的方式來定義人類啦！人類其實是『一種擁有自由意志的現實中的存在（實存）』，我們應該要用這樣的前提來思考才對！」

結構主義：「嗄？你說擁有自由意志？其實人類的思考和行動，都受到了看不見的結構控制。真要說起來，那些嚷嚷自由意志的人，根本全都穿著一樣的衣服，說著一樣的話嘛（笑）。在歌頌人類的自由意志之前，應該要先搞清楚人類受到什麼樣的結構控制吧！」

後結構主義：「嗄？看不見的結構是什麼鬼東西啊？那你趕快讓我看看啊，快啊快啊！人類絕對沒辦法知道這種東西的啦！話說回來，就因為有些人認為世界上存在著一些看不見的真理或結構，就因為這些人會說：『有這種東西喔！我找到了喔！這是最正確的喔！』所以才會引發慘烈的戰爭的。人類的行為、思考，的確都受到了結構的控制，但是我們沒辦法完全掌握結構，也沒辦法從中脫離。所以說，雖然人類一直設法去了解結構（真理），但是這份工作（哲學），也只是徒勞無功而已啦！好啦，解散解散！」

大概就像這樣的感覺。都會有一個一個新的主義，把前一個主義推翻，而哲學史就是這麼交織出來的。

好了，接下來就輪到我們了。我們又要用什麼方法，把上一個時代的哲學（現在的普遍認知）推翻呢？

用單純的想法來看，由於上一個哲學（後結構主義）的內容，是在否定真理和哲學，所以，接下來的新哲學照理來說應該會相反，內容應該會是肯定真理和哲學，但是，這件事實在很難辦到，關於這一點，上一章也已經提過了。因為我們現在這個社會的系統，已經是個「發展完成、完美無缺的系統」，在這樣的系統中，就連創造出下一個社會系統，都已經成為人們追求的一種「娛樂（符號）」了。所以現在這個社會，將會永遠持續下去，我們再也無法見證一個新的時代了。

但是，其實我們也不需要把這點當真。就因為這種主張說得這麼肯定，所以我們才更要說：「嗄？吵死了你！」說起來，從前的知識分子說「資本主義馬上就會崩解了」，但是事實根本就不是這樣啊！既然這樣子，那「資本主義社永遠不會結束」的說法，也就不一定會是真的了，我們根本就不需要把這句話當真。

那麼，接下來成為主流的，究竟會是什麼樣的哲學呢？不，應該要這麼問——「現在正看這本書的你」，覺得我們接下來應該要思考什麼樣的事情、創造出什麼樣的時代呢？

我個人認為，接下來的時代，有三個哲學主題應該是我們應該好好思考的。只是本書的篇幅有限，沒辦法將這三項令人吃驚的主題全都列出來，所以這邊就只挑出其中一項，做一下簡略的說明就好，希望能讓各位做個參考。

我們應該思考的新時代的新哲學主題是——「**我們應該要怎麼做，才能創造出一個不用工作的社會**」。

也就是說——「工作好累好煩喔，乾脆就不要工作（貢獻社會）了吧！」

我們所消耗的人生

請你想一想我們現在這個社會的普遍觀念（風氣）吧！其實我們就身處於這種普遍觀念（風氣）當中。

「要是現在有人說要探求唯一的真理、發起社會革命之類的，

這種人一定會被大家當成危險人物。

因為世界上根本就不存在唯一普遍的『真理』，

而對於一件事『正確與否』，每個人的想法也都不一樣，

這些東西都會根據不同立場而改變。

所以我們就不要偏向某些特定的事物上，

不要投身『宗教』、『政治思想』、『哲學』這些事物裡面了，

我們就在現在這個社會裡，一如往常地做我們的工作，一如往常地過日子，過得開開心心的就好了啊！」

這種想法的確蠻中肯的。真理啊、理想的社會啊、劃時代的政治思想啊，這些東西我們都已經不再需要了，而且我們也根本就找不到這些東西，至少在這個資本主義社會裡，我們還有辦法生活（雖然仍多少有些社會問題），所以也沒有必要勉強去改變。

而且，現在有非常多的娛樂。網路上的文章跟影片看都看不完，連電玩都是免費的，只要一直做這些事，人生很快就過去了，而且還會活得非常愉快，所以現在根本不需要做社會革命這種無聊的事情，而且就算真的要做，我們頂多也只能在網路上寫些沒有人要看的政治評論，罵罵那些政治人物，自己陶醉在其中，或是參加一些一點用都沒有的反體制團體，大家一起去散散步（示威遊行）而已。

但是相反的，為了維持這種常理（社會系統）的運作，我們必須付上相當大的代價，這個代價就是「**人生（時間與精力）**」。我們為了維持這個社會的運作，必須不斷進行勞動，這得大量消耗我們有限且寶貴的「人生」。

舉例來說，我們為了要進行勞動，每天早上必須花上一個小時通勤，然後一天再花上八小時在工作上，在心情不好的時候，還是要笑臉面對客人，就算對方給的預算或作業時間不合理，我們還是得盡可能給出一個良好的成果。真要說起來，其實當我們一開始在找工作的時候，就必須要跑好幾家公司，跑到腿都快斷掉，在面試時拼命展現自己的優點，告訴面試官自己為什麼想進這家公司（但其實根本就沒有多想進這家公司）。

所謂的工作，全都只是這些既無聊又充滿壓力的事情而已。如果再把交通時間算進去，一整天就有大量的時間都被綁住了，要是再扣掉用餐、睡眠這些維持生存所必要的時間，真正「空閒」的時間就只剩下一丁點了（說是這樣說啦，不過其實這段空閒的時間，人們也只會花在購物上，藉此抒發壓力，或是跟一些不重要的人一起講些不重要的閒話，或是花時間在敲敲按鍵就可以獲得稀有道具的遊戲上而已）。

話雖如此，其實也沒什麼不好，雖然有點不自由，但是跟以前「戰爭頻仍的時代」和「貧窮到沒有食物可吃的時代」比起來，已經明顯好很多了。

事實上，現在這個社會已經可以滿足大多數人基本的食衣住行，所以我們已經不再有改變社會的強烈動機。再加上現在這個社會，會不斷提供吸引我們的東西，不會讓我們活著的時候感到無聊，可以在愉快的感覺中消耗自己的人生。既然這樣的話，「只要不去注意自己受到的限制（工作上的壓力、被綁住的時間），一直持續這樣的生活，就已經十分令人滿足了」，不是嗎？

結果，這種思考方式、生活方式，在我們現在的世界就變成是一種「普通的事情」、「常理」，但是，正因為是「常理」，所以不妨就硬是用這種方式來推翻——

「咦？時間要被人綁住，還要有這些壓力，真的很煩耶！乾脆都不要工作，讓社會瓦解就好啦！（笑）」

這個主張有點誇張，或許會讓人覺得既幼稚又極端，又很不負責任。

要是這個社會瓦解了，我們該怎麼活下去呢？如果有人餓死怎麼辦？如果有外資進來，控制了我國的經濟怎麼辦？

再說，雖然工作多少有點辛苦，但是我們為了要活下去，去工作也是理所當然的。就因為這個社會上，大家都努力地在工作，所以才能提供我們所需的食衣住行啊！

——但是，真的是這樣嗎？

以前或許的確是這樣沒錯，如果大家沒有拼命的工作，就沒辦法滿足基本的食衣住行。但是，現在又是如何的呢？事實上，現在大部分的人所從事的工作，都是在生產「非生活必需品的物品與服務」。

這邊舉個常見的工作當作例子，假設你現在的工作是在生產一種手掌大小的通訊機器。這種東西問世後，人們的生活的確方便許多，但是，我們一定要有這種東西，才能夠活下去嗎？我們有必要為了這種東西，去跟別的公司競爭，拼命趕進度，不惜把自己的身體弄壞嗎？

假設這項商品從世界上消失了，大家在生活上會出現什麼問題嗎？實際上，從前的時代沒有這項商品，大家還是可以過得很快樂。就算沒有這項商品，肯定也無所謂，人們可以去跑跑步，找找其他的娛樂，生活一點都不會受到影響。

凱因斯經濟學的真理

請看圖6－1。這些圖是一種經濟模型，內容根據的是世界上最有名的經濟學家凱因斯（J.M. Keynes）所提出的主張。

為了要簡化說明，這邊就假設社會上只有三個人、一間企業，而整個社會一共只有三百萬元。

原始狀態（圖6－1）是「企業持有三百萬元、人類一毛錢都沒有、市場上沒有任商品」。

【圖6-1　原始狀態】

在這樣的情況下，這三個人都沒有錢，所以就接受了企業的雇用，替公司生產生活必需品，領取薪水，於是社會就會變成圖6－2的狀態。企業持有零元，三個人各擁有一百萬元，市場上充滿了許多商品。

接著，這三個人就用手上的一百萬元，購買市場上的生活必需品，於是所有人都變回一毛錢都沒有的狀態，而這些錢全都回到了企業的手上（圖6－3）。

好了，這麼一來，就等於回到了一開始的圖6－1（原始狀態）。所以又會發生一樣的事情，「人們製造商品再進行消

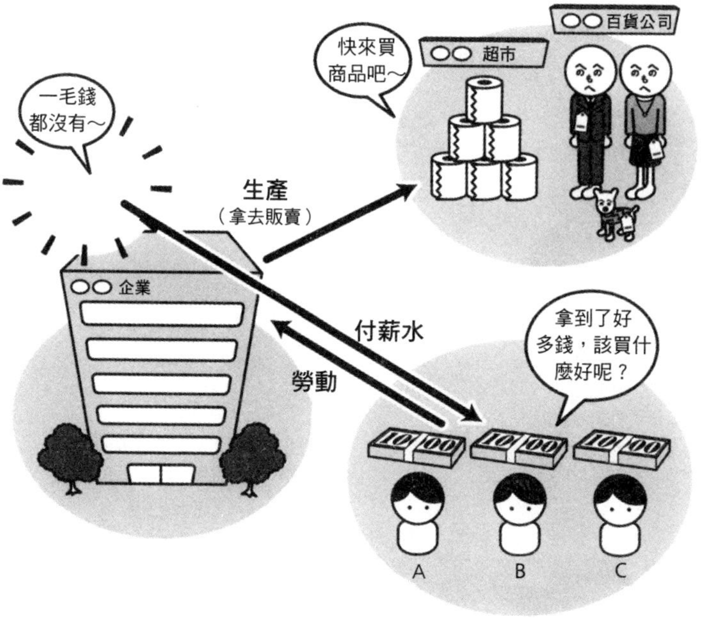

【圖6-2　勞動後的狀態】

費」與「金錢往返於人們與企業之間」，這些情況將永遠反覆進行下去。

這種狀態也就是所謂的「經濟循環」的狀態。當然，這個例子經過了極度的簡化，真實的世界裡其實有許多企業，人數也非常多，人們也不會把所有錢都拿去買東西，錢也不會全都回到企業手上。

不過，這樣的情況也仍然在誤差的允許範圍之內。根據凱因斯的主張，「經濟循環」在原理上其實就跟剛才說明中的模型是一樣的。

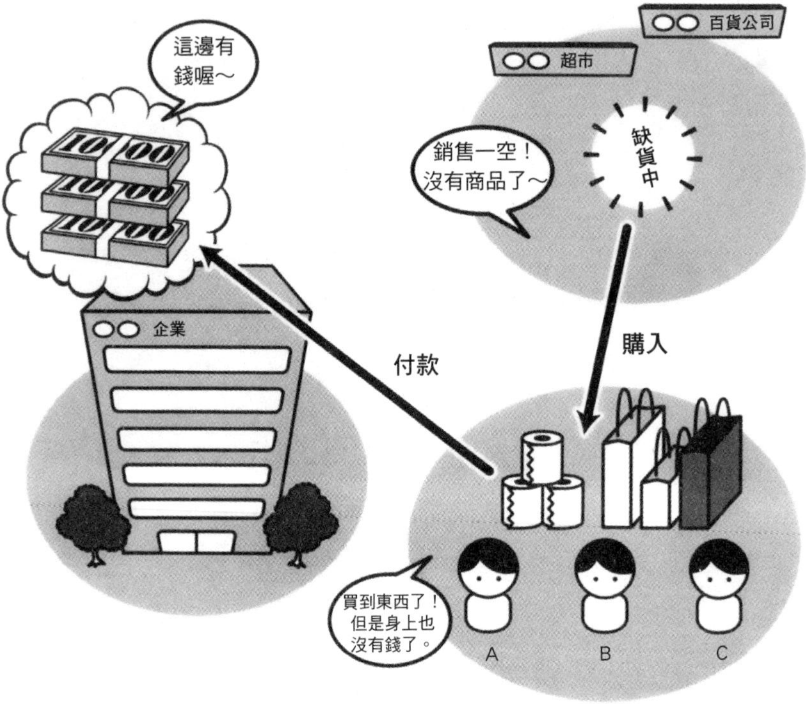

【圖6-3　購入商品後的狀態】

那麼，這裡再追加一個新的條件——

「企業的生產力大幅提升，現在只要雇用A一個人，就可以生產相同數量的生活必需品了。」

這個條件乍看之下非常棒，但是這樣一來，企業就只會雇用A、只付薪水給他一個人了，而B跟C就此失業，一直保持身無分文的狀態。

接下來就會發生不可思議的事情。儘管技術進步到原本需要三個人才能完成的事，現在只需要一個人就可以做到，而市場上的生活必需品跟以前一樣多，B跟C卻會窮到餓死。

那麼，要怎麼做才能改善這樣的狀態呢？凱因斯的主張是——

「只要增加工作機會就好了。只要政府投入公共建設就好了。」

也就是說，如果B跟C沒有工作機會的話，只要創造出工作機會就好了。政府只要進行公共建設，不管是造橋、建設公共設施，還是建造金字塔，不管蓋的是什麼，反正就是創造社會上的工作機會就對了。然後B跟C就會有工作了，也能因此而獲得金錢（參考圖6－4）。

順帶一提，政府要興建公共建設，就必須準備兩百萬元，支付給B跟C，而假如政府沒有課稅的話，就必須跟別人借這筆錢。一般來說，當人們要借錢的時候，會跟擁有閒置資金的對象借錢（以這個例子來說，這個對象就會是擁有兩百萬元卻沒地方用的企業，或是存放著這兩百萬元的銀行）。一般我們會覺得應該要盡量避免借錢，但是凱因斯的經濟理論則主張，這麼做可以回到經濟循環良好的狀態（景氣良好），是改善經濟的特效藥，所以政府必須積極地對外借錢。

凱因斯的經濟理論，確實非常有效，許多國家藉著實踐凱因斯的理論，成功克服了無數次經濟不景氣。但是，凱因斯也這麼說：「政府必須在景氣良好的時候增稅，把借來的錢全數還清才行。」不行啦，這件事根本就做不到。在民主國家中，領導者是由人民選出來的，想增稅可不是件容易的事。政府害怕得罪人民，只能一點一點慢慢增稅，而且，就算在景氣良好的時候，還是會不斷擴張公共建設，於是，政府最後就會累積龐大的負債。

另外，這裡還有一個疑問。

「雖然說『投入公共建設可以促進經濟循環』，但是如果已經建造了足夠的橋、高

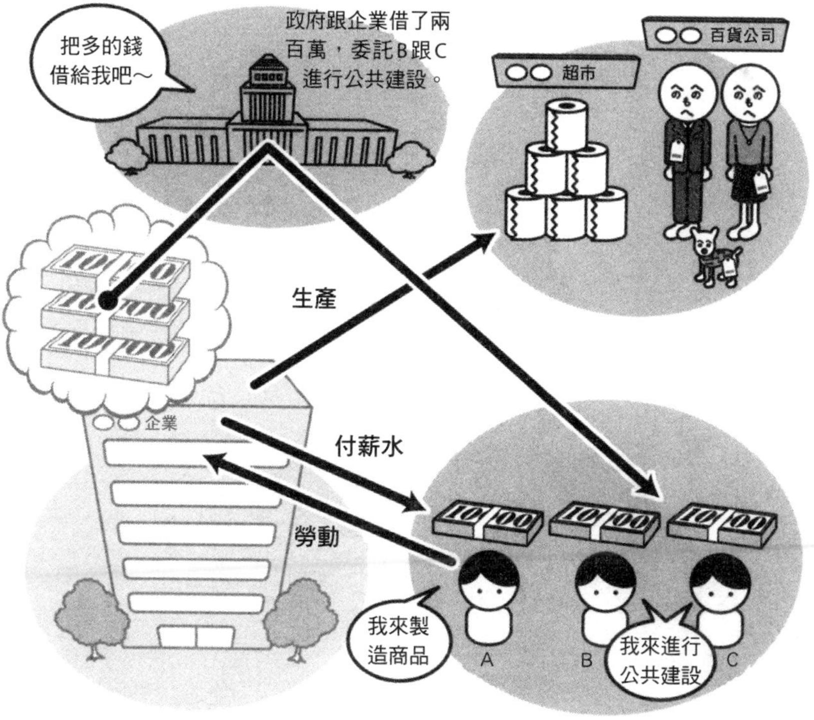
把多的錢借給我吧～
政府跟企業借了兩百萬，委託B跟C進行公共建設。
○○ 百貨公司
○○ 超市
生產
○○企業
付薪水
勞動
我來製造商品
A
B
我來進行公共建設
C

【圖6-4　政府介入經濟活動後的狀態】

速公路，不需要再投入公共建設了，這種時候該怎麼辦呢？」

凱因斯的回答非常驚人。

「只要先把錢藏在土裡，再找人把錢挖出來，再把土埋回去就好了。這樣就足以對景氣有幫助了。」

挖出一個洞、再把洞埋起來，挖出一個洞、再把洞埋起來……就算是這種毫無意義的工作也沒關係，因為生活中所不可或缺的生活必需品，市場上都已經有了，所以再來就只需要讓全部的人都擁有金錢就好了。總而言之，最重要的就是要讓這個社會上的金錢不斷循環，所以在最壞的情況下，那些並非生產生活必需品的人，其實就算做些無聊的工作也無所謂。

這項驚人的主張，至今仍然是反凱因斯學派的人抨擊的目標之一，但是，儘管這句話非常「極端」，凱因斯卻仍不惜這麼做，也要一語道破事物的核心，就這點看來，真不愧是名留青史的經濟學家。

好了，回到剛剛的內容。在剛剛提到的凱因斯經濟學中，我們已經明白，我們大家所做的工作，並不全是深具意義的工作。

以前確實是這樣——（以前）想要製造出生活必需品↓工作

但是現在卻是這樣——（現在）想要讓金錢不斷循環↓工作

這就是現在工作的目的，在最極端的情況下，工作內容甚至可以是「挖洞」。反過來說，我們現在活在這個符號消費社會裡，而我們現在所做的工作，或者接下來想做的工作，不就是等於在「挖洞」嗎？

當然，在符號消費社會裡的工作，基本上都是在生產「刺激大家欲望的符號（形象）」，即「引起大家興趣的娛樂性物品或服務」，所以就跟毫無建設性的「挖洞」是不一樣的。

但是，如前一章所述，符號消費社會裡的工作，註定要「為了讓經濟不斷循環，所以（就算實際上沒有任何意義，也非得要）一直生產出新的符號」，這點從原理上來說，就跟凱因斯的公共建設是一樣的情況……跟「挖洞」的情況非常類似。

如果你做的工作是你「真的很想做的」，那就沒什麼問題了，應該說你真是太幸運了，盡量去做沒關係。但要是你做的工作，完全沒有帶給你一絲喜悅，你完全只是因為『這是我的工作』，所以才去做的話，那麼，不管你再怎麼欺騙自己，實際上你所做的工作，對你來說就只是在「挖洞（為了維持社會運作，而強制人們進行的公共建設）」而已。

我想已經有人心裡有底了，我想問的是——

「你誕生在這個世界上的目的，
真的就是為了要做這些事嗎？
把你僅有一次的寶貴人生，
絕大部分都花在這邊，
你真的可以滿足嗎？」

符號消費社會的一絲希望

但是就算這樣，我們又有什麼辦法呢？

就算有這種疑問也沒有用啊！因為布希亞、德勒茲、瓜達希……等等的哲學家都說了，我們是沒辦法脫離這個完美無缺的系統（資本主義社會）的。布希亞就在他的著作

《象徵交易和死亡》（*Symbolic Exchange and Death*）裡這麼說——

「勞動是一種悲慘的象徵，代表人們判斷沒有任何事物比活命更加重要。你們認為資本主義會把勞動者壓榨到死掉為止？絕非如此。反過來說，資本主義對勞動者做出最壞的事，就是讓勞動者死不了。資本主義藉著延緩勞動者的死期，讓勞動者變成奴隸，把勞動者牢牢綑在悲慘的處境當中，讓他們在勞動的期間不會面臨死亡。」

布希亞這邊所說的「延緩勞動者的死期」，指的就是社會會提供我們食衣住行，以及醫療與治安等等。這些全都能幫助我們「延長生命」，所以在某個意義上，可說是給予了我們「延緩死期」這個禮物。但是，相反的，因為這個禮物實在太有魅力了，所以我們也沒辦法反抗這個社會。總之，布希亞想說的就是，因為每個人都想要得到「延緩死期（食衣住行、醫療、治安）」這個禮物，所以就會把成為社會的奴隸、耗費自己的人生來維持社會的運作，當作是理所當然的事情（普遍的價值觀）。甘願承受勞動的痛苦，耗費自己寶貴的人生，去做自己根本不想做的事情。

因此，身為「奴隸」的我們，是絕對無法改變身為「主人」的社會——布希亞下了這樣的結論。不過其實他也說，有一個辦法可以超脫這個社會系統。接下來繼續引用

《象徵交易和死亡》書中的話。

「人類絕對無法在不縮減自己生命的情況下，廢除主人的權力。……唯有把自己的生命還給主人，唯有藉由直接步入死亡來打擊延緩死亡一事，才是根本上有效的做法，只有這種方式，才有辦法廢除主人的權力。……主人就是利用我們想要避開死亡、延緩死亡的心理，來鞏固他的權力。所以，讓權力延緩自己的死期，在這樣的情況下繼續活下去，背負著這份可憐的生命，絲毫無法脫離其中；必須背負著義務，形同一點一滴清算長期信用債權一般，被囚禁在名為勞動的緩慢死亡過程當中；而且這個緩慢的死亡過程，對於這種悲慘的處境與主人的權力，不會帶來絲毫改變——這些全都必須加以拒絕才行。」

這個主張實在相當驚人且「極端」。簡單來說，布希亞的意思是：「有些人會覺得與其乖乖聽社會的話、不斷的勞動，那還不如選擇死亡。也只有這種不怕死的人，才有辦法改變這個社會唷！」

不過，他的說法的確沒錯。舉個例子，假設有一個完美無缺的系統，在這個系統裡，「如果不殺別人就會被別人殺死，於是大家都互相殘殺」，所有人都成為這個系統的奴隸。在這個情況下，就只有一個方法可以脫離這個系統，那就是，「就算有人要殺我，我也不會對他開槍」的這種人——也就是不領「延緩死期」這個禮物的人——增加到一定的數量。從原理上來講，就只有這種人才有辦法脫離這種完美無缺的系統。

「根本就不會有這種人啦！」你可能會這麼想。

不，其實現在的年輕人還是有些優點的，現在有一些年輕人，就完全符合布希亞提出的條件。

他們就是——尼特族。

尼特族不去工作，對社會沒有貢獻，什麼事情都不做。他們認為若成為這個符號消費社會裡的齒輪，在社會的指使下勞動，就是輸了，於是他們拒絕成為這個社會系統的一員，他們彷彿就是現代版的武士。

「吾不要工作！吾絕對不要工作！」

他們無論如何就是不想去工作。雖然不知道這樣下去，將來會有什麼後果，但是，反正他們就是不會去做他們不想做的事情（用笑咪咪的表情去接待自己不認識的人，實在是違反人性的行為，這種事絕對不是人做的），堅決抗拒參與這個社會。

不過，正因他們不會受到這個社會引誘，所以他們才能反過來改變這個社會系統。這個讓我們大家都乖乖聽話的社會系統。

也就是說，尼特族正是符號消費社會裡唯一的一絲希望，同時也是現存唯一的哲學家（現在自稱哲學家的那些人，都繼承了後結構主義哲學的系統，終究也只是在語言遊戲裡不停地轉來轉去而已，絕對稱不上是哲學家，語言遊戲、解構、符號消費社會，這些都是上個時代的偉大哲學家所建立的完美無缺的系統。那些人缺乏克服這些系統的意志與氣魄，完全稱不上是新時代的哲學家）。所以我們必須學習尼特族的思考方式，而尼特族也該為自己感到驕傲，因為他們可是肩負了創造新歷史與新文化的任務。

接下來的新社會

不過，一旦這麼歌頌尼特族，可能就會受到這種批評。

「不工作就別想吃飯。不去工作，只想輕鬆過日子，實在太可笑了。」

「喔？那如果尼特族愈來愈多，讓經濟跟社會都崩壞了，你應該會好好負責吧？話說回來，既然你覺得尼特族那麼了不起，那你就把全部財產都捐出去，去養他們啊！」

「尼特族還不是有在用水、電，享受公民的福利。如果不想工作的話，就給我到深山裡自己一個人生活啊！」

這些批評非常中肯，應該沒有任何人能夠反駁。

但是，之所以會沒辦法反駁，並不是因為這種批評所講的是「絕對正確的」，只是因為想要使用那些「現在這個社會裡的用語」來回答，所以才會無法反駁而已。

「經濟」、「社會」、「工作」……

真要說起來，其實當我們在使用這些用語的時候，就已經處在一定的價值觀當中了。例如，當我們說到「身為一個社會人士……」時，就已經包含了「可以克制自己的私人情緒、對社會有所貢獻的人」的意思，同時還隱含著加以肯定的價值觀。

因此，如果使用的語言是建立在這種價值觀之上的，那肯定就跳脫不了這種價值觀。

其中的原因在於，雖然你用這些語言來反駁，藉此跳脫這種價值觀，但這些用語卻只能在這種價值觀中使用。這就好比使用「全壘打」、「安打」這些棒球用語，卻想要跳脫棒球的觀念，根本是不可能的事情。當我們要使用這些棒球用語的時候，就注定要「建立在棒球的思考方式上」了。

所以要是用普通的方式來反駁，就只能在語言的基礎系統（社會、語言遊戲）的框架中，到處轉來轉去而已。因此，只有用這種方法，才能做出有效的反駁——

「咦？不工作經濟就不會循環？也太莫名其妙了吧！呵呵呵……」

這句反駁簡直就像外星人在講話，簡直就像從來沒在社會上吃過苦的人才會講的話，完全沒辦法當做一種反駁，但這卻是唯一有效的一種反駁方式。如果要跨越語言遊戲、跨越語言本身的價值觀（判斷標準），就需要有人用這種態度，用這種既極端又幼稚的方式，**重新看看這個世界**。

其實以前應該也發生過一樣的事情才對。

舉例來說，要是用我們現在新的價值觀，去跟古時候的人講話，一定會出現這樣的情況。

古：「我要賭上自己的性命為國王而戰，這樣才是一個優秀的人！才是騎士！才是忠臣！」

今：「咦？你要為國王賭上性命喔？為什麼？也太莫名其妙了吧！那國王叫你殺人你也會去殺人囉？你是不是頭腦有問題啊？（笑）」

古：「才不是！如果大家不對國王盡忠，我們國家就會垮台，然後就會被別的國家攻陷……」

今：「所以說，國王根本就不重要吧？你們只是不得已，才對國王盡忠的吧？」

古：「才不是！國王是神聖的……」

今：「好，夠了、夠了。我跟你說不下去了。呵呵呵……」

這種回答方式既極端又幼稚，但是雙方的對話也確實顯現出了價值觀（普遍觀念）的差異。雙方的確是「說不下去了」，但是，這種做法才是最正確的。如果硬是勉強自己配合古人，用古代的的價值觀（國王是神聖的）來思考，雖然就能「講得下去」，但是卻不會有任何進展。

可能有人會這樣想：「只要用理性的方式，跟對方說明『不，其實國王也只是一個普通的人類，並沒有特別神聖』，這樣對方就會懂了吧？」不過，這是不可能的。因為，要怎麼證明「國王並沒有特別神聖」呢？這就好比用理性的方式，跟一個相信世界上有鬼的人說明「世界上沒有鬼」一樣，對方絕對是聽不進去的。就算你去使用對方的用語「鬼」，雙方的對話是能夠成立、是說得下去沒錯，但也絕對不會有任何進展。

所以終究非得要由某個人直接給出一句「說不下去」，將舊時代的價值觀（勞動是很高貴的）徹底捨棄不可（而不是從邏輯上來否定）。接著，必須由某個人再提出一個新的思考方式、新的價值觀，而這個新的思考方式、新的價值觀，在現在的價值觀看來，可能會讓人覺得既極端又幼稚。

更何況，我們現在所對抗的上個時代的哲學，是一種完美無缺的系統，可以將任何反駁都化解掉。光靠一般中規中矩的做法，是無法將其打倒的。

所以，反過來說，只要用以下這種方式來反駁就好了——

「那這樣的話，如果說只要一直出剪刀石頭布，就可以拿到錢，那人生的八〇%就都一直在出剪刀石頭布了。咦？這就是所謂的『工作』啊？也太莫名其妙了吧！你是不是頭腦有問題啊？（笑）」

只有用這種方式，才有辦法顛覆大家對世界的看法。在過去看來，曾經是符合常理、中肯的批評，在現在看來，卻會變成這樣——

「不一直出剪刀石頭布，就別想吃飯！」
「如果沒有一直出剪刀石頭布的話，就給我到深山裡生活啊！」
「如果大家都嫌麻煩，不再出剪刀石頭布的話，我們的社會就會崩盤了啦！」

這樣一來，甚至連反駁都不用了，怎麼看都只是一些「跟你說不下去了」的話，連稍微思考一下，都嫌浪費時間。這麼一來，根本就不用去想辦法說服那些價值觀不一樣的人，就可以直接把「勞動是很高貴的」、「工作是理所當然的事情」這些現在的價值觀捨棄，接下來只要徹底來思考「關於下一個新社會（不用工作的社會）的事情」就好了，就算多少有些令人想吐槽的地方，好像也已經沒什麼關係了。

「閒暇」的哲學

對了，或許有人會這麼擔心——

「一個不用工作的社會……一個不用工作就可以過活的、富裕的社會……要是社會變成這樣，的確很棒。其實我自己也會想，『真希望我可以中樂透，要是我中了樂透，我就可以把現在的工作辭掉，過一個不一樣的人生了』。但是啊……人類要是少了工作啊、社會啊、競爭啊這些麻煩的東西和人際關係，以及肩上的那份壓力，大家就沒有事情可以做了，這樣精神上應該會出問題吧？若真是如此，一個不用工作的社會，真的會是一個『幸福的社會』嗎？真的是值得我們追求的社會嗎？」

這種擔心是正確的。恐怕對很多人——認為工作是理所當然的那些人——來說，要是突然有人跟自己說「你從明天開始，接下來這輩子都不用再工作了」（或者是「你再也不用去學校了」），未必就會感到幸福。不只不會幸福，甚至生活還會變得很墮落，就此變成夜行性生物，把自己關在家裡、不再出門，整天沉溺在線上遊戲，心裡充滿著罪惡感，委靡不振。

就因為這樣，所以，要是我們身上有著束縛，強制我們每天要準時起來，出門上班或上學的話，甚至還可以幫助我們過著充實的生活，並且擁有健康的身體。所以，「不用工作＝輕鬆、幸福」就不可能會成立。

話說回來，「**一個不用工作就可以過活的、富裕的社會**」，真的有可能存在嗎？

凱因斯在一九三〇年發表的短文〈我們孫子輩的經濟可能性〉（*Economic Possibilities*

for our Grandchildren）是這麼說的——

「以下是我的結論。假設沒有發生重大的戰爭，人口也沒有出現顯著的增加，經濟問題就會在一百年之內獲得解決，或者是會得到一些頭緒。這就表示，只要未來沒有出現重大變故，經濟問題就不會是人類永遠的問題。」

總而言之，凱因斯的結論就是：「一定就會出現一個不用工作就可以過活的、富裕的社會！」一位經濟學家竟然斷定「在不久的將來，社會將變得很富裕，經濟的問題將得以解決，經濟不會是人類永遠的課題」，這實在是太酷了，讓人興奮得不得了！不過，以一百年的時間單位而言，的確是很有可能發生的事（當然，這十幾年內無疑是很難實現的，先不說日本，光就整個世界來看，人口一直顯著地增加，將來也很有可能會發生重大的戰爭）。

但是，就算在一百年後、兩百年後，終將出現沒有經濟問題的社會，對於這種社會，凱因斯的看法其實並不樂觀。

「然而，只有那些會唱歌的人，才承受得住這樣的人生，而在我們之中，會唱歌的人何其稀少！自從人類被創造出來後，第一次要從永遠的問題——對經濟的憂心中解脫了，而我們應該如何利用這點呢？隨著科學的進步，人類的物質生活也呈等比成長，人類因此獲得了餘暇，而我們應該如何運用這些餘暇，才能過得明智、舒適又富裕呢？這些恐怕都是將來必須面對的問題。」

凱因斯斷言，雖然不用工作的時代終將到來，但是卻很少有人承受得了這種不用工作的人生。我認為他說的完全正確。

我們其實都受不了「閒暇」的狀態。我們總是會有所思考、有所追求，如果人生不再有任何目的與壓力，一開始我們可能會覺得輕鬆、很不錯，但過不了多久，就會開始覺得很無聊，心裡開始產生不安的感覺。

為什麼會這樣呢？原因在於，我們從來都沒有思考過一套關於「**閒暇**」的哲學，講得更精確一點，我們從來沒有發展過一套價值觀，可以讓我們有辦法對一個漫無目的的人生，給予強烈的肯定。

真要說起來，都要怪「閒」這個字眼不好。「這個人很閒」、「閒閒沒事做的人生」——「閒」這個字眼總是伴隨著負面的形象。所以，只要我們是用「閒」這個字眼，來理解「閒」這件事，就沒辦法肯定「閒閒沒事做的人生（無所事事的人生）」。

既然這樣，乾脆就改叫「大量的餘暇」吧！

當然，換個稱呼也不會有任何改變。「大量的餘暇」對我們來說仍然是種有害之物。不過，如果說「大量的餘暇」總有一天終將到來，那麼，我們現在的人確實有責任創造一個新價值觀，讓我們可以用正面的態度來看待這件事，當然，同時也必須換個正面的名字來稱呼才行。

而現實生活中，真的有人就在進行著這樣的任務，這些人就是所謂的尼特族——以現在的價值觀看來，他們是這個社會的「輸家」，但其實他們卻是這個時代的先驅，比其他人都更早察覺到，「工作的價值」正大幅降低，他們走在時代的先端，率先將自己置身於「大量的餘暇」當中。

然而，他們大部分的人都病了。這是因為他們生活在「大量的餘暇」這個「（在現代的價值觀看來是）有害之物」當中。身體病了、心理病了，被別人指指點點，或許他們沒有一個人能夠生存到最後……

但是，只要其中有一個人，可以樂在其中，「過得既明智、輕鬆自在又富裕」，那他就會是尼特族中的尼特族，尼特族之王！我們必須要請他教教我們，他到底是怎麼解決人類「永遠的問題」的！我們必須向他學習這個哲學——超越了現有認知的新價值觀，只要有了這樣的價值觀，即使漫無目的、無所事事，不再受到社會的約束，也可以讓自己過得很幸福，不會讓自己墮落下去！（就像從前印度出現了第一代尼特族之王、亞洲天王——釋迦牟尼時，大家爭相向他請教一樣。）

從現在開始的這一百年內……

恐怕會出現許多「末人」，儘管做著沒有意義的工作、為此感到痛苦，卻停止了自己的思考，不曾對此產生任何疑問，持續冷漠地做著手上的工作。

而在那之後的下一個一百年……

這個時候人們總算從工作中解脫了，這次人們（閒人）則因為「閒（無所事事的人生）」而深感痛苦，生活中帶著不安，眼神裡沒有光彩。

為了拯救兩百年後的這些人，我們「現在」必須要好好思考才行——

「工作是一件很有意義的事情、人們工作是理所當然的」，當這樣的價值觀崩壞時，我們應該要用什麼方法來克服呢？要是我們能夠得到最大限度的閒暇時間（大量的餘暇），我們該如何運用這些閒暇時間、如何活出幸福的人生呢？誠如凱因斯所言，這些問題正是「人類永遠的問題」。

我們（哲學家）現在應該要好好發揮自己的本領，思考這個永遠的問題，替兩百年後的人們想出一套解決辦法。這不正是後結構主義的下一個哲學——屬於現在這個新時代的我們的哲學嗎？

媽媽　「貴志……你可能會覺得媽媽辛辛苦苦工作實在很蠢。但是，工作這個詞其實原本是『減輕別人負擔』的意思（日文的「工作」寫作「仕事」），是對別人有幫助、很自豪的一件事情。所以，雖然我跟你爸爸都拼了老命工作，但是我們從來沒有後悔過，而且我們也覺得，我們可以生在一個大家都得工作的社會裡，是很幸福的一件事。就因為這樣，雖然我每天都很忙，要出去打零工，還要做飯給你吃，但是我還是過得很開心。可是啊，我也不會強迫你一定也要過跟我一樣的生活。因為我生在資本主義社會，生在一個經濟高度成長的時代，這就是我要打的仗。」

貴志　「……」

媽媽　「你現在的處境的確很艱難，你在十四歲的時候，有一天突然不去學校了，之後就一直過著怠惰的日子，沒有任何生產。在現在這個社會裡的價值觀，會覺得人們工作是理所當然的，在這種價值觀看來，會覺得都不工作的你，人生就沒有半點意義。可是啊……就因為這樣，所以你才需要靠自己找出人生的意義，而且這恐怕不只對你自己有幫助，兩百年後恐怕會有愈來愈多像你這樣的小孩出現，你必須要找出一個新的價值觀，為這些小孩指引一條明路。所以，你聽好了……
『媽媽有自己的仗要打！你也要好好打你自己的仗！』
你現在面臨的這種處境，背後一定有著很重大的意義。你沒有錯，一點錯都沒有——我一直都這麼深信。」

後記

隨心所欲地議論，像哲學家一樣思考

有一天我在看影片網站的時候，發現了很多影片，上面都貼了「試唱」的分類標籤。

「這、這些人就是凱因斯口中的那些『會唱歌的人』嗎？這種人終於出現了！」

我興奮得從椅子上跳起來，立刻就去註冊了一個帳號。然後我用我最喜歡的益智遊戲，製作了「遊戲實況」的影片，打算也來當個實況界的名人，但結果網路上的評價卻很糟，「看別人一邊玩益智遊戲，一邊小聲地自言自語，感覺真的很無聊」，我的朋友看了也都說爛爆了，影片的觀看次數一直都沒增加，讓我每天都含淚入眠（虧我還特地連絡該遊戲的製作公司，取得了他們的許可耶……）——這些事就不說了。本書的日文書名，是來自池田晶子所著的《十四歲開始的哲學》，她是一位我很尊敬的哲學家。

曾經有篇池田晶子的訪談，帶給我很大的震撼。在這篇訪談中，她說了這樣的話：

「我是一名女性——當我說出這句話時，這個『我』指的是什麼？應該把什麼樣的東西稱作是『我』？如果無法確定『我』的使用方法，就沒辦法說『我是一名女性』。」

池田晶子是一名女性。而在歷史上留名的哲學家，幾乎都是男性，於是女性哲學家相形之下，就顯得十分可貴。而採訪者訪問知名女性哲學家，想聽到的應該是一些女性獨到的見解，例如像是女性主義、性別議題之類的內容。

但是，池田晶子的回答，卻完全不符合採訪者的期望。

「我是一名女性——當一個人說出這句話時，這個『我是一名○○』，到底指的是什麼意思呢？」

棒透了。她無視周遭的氣氛，直接著眼於問題的本質。這段訪談讓人不禁由衷感佩，深深感受到一位哲學家的風範。

當然，這種回答並不是一般大人該有的回答，反而比較像叛逆期的青少年會講的話，令人出乎意料的回答。所謂的大人，在這種情況下，應該會顧慮到周遭人們的立場，乖乖地去談論女性在社會上的處境與地位，讓採訪者高興才對。

但是，這樣正好。就是要這樣才像個哲學家。我們應該跟她學學，從事情根本的部分來思考，不去迎合他人，「先不說這個，其實真要說起來，○○到底是怎麼一回事呢？」而是像這樣，隨心所欲地提出一些人們平常不會去注意的問題。

十四歲，正是我們最能做這種事情的年紀……

「為什麼我們不該殺人呢？」

「為什麼己所不欲，勿施於人啊？只要自己高興就好了，幹嘛要管別人怎麼樣啊？真要說起來，自己和別人到底差在哪裡？」

只有十四歲上下的青少年，才可以認真問這種問題。一般人在公共場合裡，根本不能問這種問題，要是問了這種問題，下場就會很淒慘。發表這種亂七八糟、反社會的言論，還可以被民眾包容的，也就只有十四歲的青少年了，這可以說是十四歲的一項特權。所以，應該要好好運用這項特權，不要害怕，盡量向世人提出自己對於普遍觀念的那些懷疑。

而超過十四歲的讀者們……你們也不用擔心。因為現在這個時代，任何人都可以在網路上隱藏自己的身分，盡情講自己想講的話。也就是說，在現在這個時代，每個人講話都不用負責任（這點有好有壞），愛說什麼就說什麼，又可以回到十四歲的年紀，隨心所欲地去懷疑那些普遍觀念。

在網路的世界裡，每個人都能變成十四歲，在公共場合裡不能說的話，在網路上就可以自由自在地說出來。我們應該好好利用這個時代特有的環境，隨心所欲地進行議論才對。就像那些名留青史的哲學家一樣，多講些「既幼稚又極端的話」才對。

本書所介紹的那些偉大哲學家，他們所提出的主張，一點也不高深莫測，一開始的點子甚至就像小孩子的妄想，他們就是在這樣的基礎上，進而發展出一套論述的。歸根究柢，他們跟普通人的差別，就只在於投入的心力多寡而已——「能將這種小孩子般的想法，堅持到什麼地步？」我衷心期盼本書能讓大家感受到這點。

本書參考了許多哲學家的著作，他們將自己的人生奉獻在哲學上，留下了無數偉大的著作，我在此致上感謝之意。另外，池田晶子的哲學與人生態度，也給了本書極大的啟發，為此獻上誠摯的敬意。

叛逆就是哲學的開始

14 歳からの哲学入門：「今」を生きるためのテキスト

作　　者　飲茶
譯　　者　邱心柔
主　　編　林玟萱

總 編 輯　李映慧
執 行 長　陳旭華（steve@bookrep.com.tw）

出　　版　大牌出版 / 遠足文化事業股份有限公司
發　　行　遠足文化事業股份有限公司（讀書共和國出版集團）
地　　址　23141 新北市新店區民權路 108-2 號 9 樓
電　　話　+886-2-2218-1417
郵撥帳號　19504465 遠足文化事業股份有限公司

封面設計　FE 設計 葉馥儀
印　　製　成陽印刷股份有限公司
法律顧問　華洋法律事務所　蘇文生律師

定　　價　420 元
初　　版　2016 年 6 月
三　　版　2024 年 10 月

電子書 E-ISBN
9786267491829（PDF）
9786267491836（EPUB）

國家圖書館出版品預行編目資料

叛逆就是哲學的開始 / 飲茶 著 ; 邱心柔 譯 . -- 三版 . -- 新北市 : 大牌出版,
遠足文化發行 , 2024.10
360 面； 14.8×21 公分
譯自：14 歳からの哲学入門：「今」を生きるためのテキスト
ISBN 978-626-7491-86-7 (平裝)
1. 西洋哲學

140　　113013537